解码广东乡村振兴示范带

罗燕飞 主编

广东科技出版社
全国优秀出版社
·广州·

图书在版编目（CIP）数据

领航：解码广东乡村振兴示范带 / 罗燕飞主编. —广州：广东科技出版社，2022.12

ISBN 978-7-5359-8023-6

Ⅰ.①领… Ⅱ.①罗… Ⅲ.①农村—社会主义建设—研究—广东 Ⅳ.①F327.65

中国版本图书馆CIP数据核字（2022）第232928号

领航——解码广东乡村振兴示范带
LingHang——Jiema Guangdong Xiangcun Zhenxing Shifandai

出 版 人：严奉强
责任编辑：张远文　李　杨
装帧设计：友间文化
封面设计：水石文化
责任校对：陈　静
责任印制：彭海波

出版发行：广东科技出版社
　　　　　（广州市环市东路水荫路11号　邮政编码：510075）
销售热线：020-37607413
http://www.gdstp.com.cn
E-mail：gdkjbw@nfcb.com.cn

经　　销：广东新华发行集团股份有限公司
印　　刷：广州市岭美文化科技有限公司
　　　　　（广州市荔湾区花地大道南海南工商贸易区A幢　邮政编码：510385）

规　　格：787 mm×1 092 mm　1/16　印张13.5　字数270千
版　　次：2022年12月第1版
　　　　　2022年12月第1次印刷
定　　价：98.00元

如发现因印装质量问题影响阅读，请与广东科技出版社印制室联系调换（电话：020-37607272）。

编委会

组织单位： 广东省城乡规划设计研究院有限责任公司乡村振兴发展中心
技术指导： 邱衍庆　罗　勇　熊晓冬　蔡穗虹
主　　编： 罗燕飞
编 写 组： 秦　晴　唐霭茵　江雯琦　吴玉玲　汪　洋
　　　　　　马苗苗　程集禄

广东省城乡规划设计研究院有限责任公司劳模创新课题（2020-KY-002）

序

乡村兴则国家兴，乡村衰则国家衰。党的二十大报告对乡村振兴作出了重要判断：全面建设社会主义现代化国家，最艰巨最繁重的任务仍然在农村。广东地处改革开放的前沿，勇挑乡村振兴探索的重任，创新开展乡村振兴示范带创建工作部署，统筹谋划推进"五大振兴"的"示范片""先行区"，使之成为打造广东乡村振兴标志性品牌、迈进全国第一方阵的重要举措，目的是打造以中心村为节点、圩镇为枢纽，串点成线、连线成片、集片成带，同步推进乡村发展、乡村建设、乡村治理的先行示范带。

广东省城乡规划设计研究院有限责任公司立足广东城乡发展不平衡、农村发展不充分的基本省情，全方位、多角度积极响应乡村振兴战略，长期服务广东省发展改革委、省自然资源厅、省住房和城乡建设厅、省农业农村厅等部门，编制了《广东省乡村民宿发展情况调研报告》《广东省乡村振兴示范带建设情况调研报告》《广东省乡村振兴示范带建设指引（试行）》等相关政策研究文件，配合省农业农村厅、省乡村振兴局开展全省乡村振兴示范带建设现场会前期准备工作，制定了2022年度"广东省十大乡村振兴示范带"评选工作实施细则等，大力推动了全省乡村振兴示范带建设工作。

为全面掌握广东省乡村振兴示范带建设情况，总结特点和成效，发现存在的问题和困难，贯彻落实省委、省政府关于谋划建设一批特色鲜明、辐射带动能力强的乡村振兴示范带的决策部署，广东省城乡规划设计研究院有限责任公司的专业技术团队以问题和目标为导向，系统、全面、科学地进行了政策解读、规划设计、建设服务、运营跟踪等研究，围绕广东乡村振兴示范带是什么、为什么、谁来建、哪里建、怎么建、如何管等内容，突出"串点成线、打造样板、多方协同、示范引领、综合效益、持续发展"等特点，精选省内多个经典案例，归纳广东各地乡村振兴示范带建设的新经验、新成就、新典型、新做法，探索出一条广东乡村振兴的全新路径，为各地推进乡村振兴示范带创建提供可学习借鉴、可复制推广的经验。

本书不仅具有系统性、逻辑性，而且兼具时代性和前瞻性，将国家政策与广东实际相结合，将规划实践与创建需求相结合，将落地实施与后续管控相结合。相信本书的出版能够发挥典型引路、示范带动的作用，为实现广东乡村振兴、建设美丽中国贡献力量！

前 言

习近平总书记在党的二十大报告中提出"全面推进乡村振兴",强调"建设宜居宜业和美乡村"。这是以习近平同志为核心的党中央统筹国内国际两个大局、坚持以中国式现代化全面推进中华民族伟大复兴,对正确处理好工农城乡关系作出的重大战略部署,必将为新时代新征程全面推进乡村振兴、加快农业农村现代化指明前进方向。

党的二十大之后,广东省认真学习贯彻习近平总书记在中央农村工作会议上的重要讲话精神,强调要抓好乡村"五大振兴",推动乡村产业全链条升级,大力发展农产品精深加工,千方百计拓宽农民增收致富渠道,持续巩固拓展脱贫攻坚成果;要抓好宜居宜业和美乡村建设,深入实施"百县千镇万村高质量发展工程",加快补齐农村基础设施短板,提升基本公共服务水平,完善乡村治理体系,让广大农民安居乐业、农村社会安定有序。

乡村振兴示范带建设是广东省委、省政府适应新发展要求、全面推进乡村振兴的重大部署,是顺应"三农"工作重心历史性转移、全面推动乡村振兴的重要探索,是新阶段广东省全面推进乡村振兴的必然要求,是促进城乡融合发展、实现共同富裕的有效路径,是落实"五大振兴"、促进和美乡村建设、实施"百县千镇万村高质量发展工程"的重要抓手,目的是打造以中心村为节点、圩镇为枢纽,串点成线、连线成片、集片成带,同步推进乡村发展、乡村建设、乡村治理的先行示范带。

本书围绕广东省乡村振兴示范带建设工作相关要求,以大家普遍关心的"为什么、是什么、谁来建、钱哪儿来、哪里建、怎么建、怎么管"七个共性问题为重点展开阐述,选取多个先行先试的典型案例,系统、全面、前瞻、科学地进行研究论述,生动演绎广东乡村振兴示范带建设工作的先进经验及工作成效,对乡村振兴示范带建设的决策制定、政策实施和政府工作具有重大参考意义。

目 录

1 第一章
为什么建设乡村振兴示范带?

第一节 广东乡村振兴持续探索 / 002

第二节 乡村振兴示范带的提出 / 008

第三节 示范带创建的重要意义 / 012

2 第二章
乡村振兴示范带是什么?

第一节 乡村振兴示范带的定义内涵 / 022

第二节 乡村振兴示范带的建设要求 / 023

第三节 乡村振兴示范带的建设内容 / 033

第四节 乡村振兴示范带的建设方法 / 048

第三章
如何建设乡村振兴示范带？

第一节　整体流程：闭环管理，有序推进　/ 054
第二节　建设要素：全域统筹，匠心打造　/ 076
第三节　工作组织：上下联动，多方协同　/ 094

第四章
成功案例有哪些？

第一节　增城区派潭镇乡村振兴示范带——吾乡派潭　/ 114
第二节　连南瑶族自治县乡村振兴示范带——瑶山那抹红　/ 129
第三节　肇庆市封开县乡村振兴示范带——贺江碧道画廊　/ 138

第五章
建设资金从哪儿来？

第一节　政府扶持　/ 152

第二节　市场支持　/ 163

第三节　群众自筹　/ 167

第六章
后期如何运营管理？

第一节　政府：加强监督引导，提供支持保障　/ 176

第二节　企业：引入专业管理，优化资源配置　/ 184

第三节　村民：发挥能人带动，激活组织载体　/ 194

"农,天下之本,务莫大焉。"乡村是中华文明之源、国家强盛之根。我国城镇化发展到现在,仍有5.7亿人生活在3万多个乡镇、60万个村民委员会、317万个自然村中;目前我国农村劳动力总量为4.97亿,占全国劳动力总量的65%。可见,乡村(包括农村、农业、农民)对于我国的全面发展具有非常重大的意义。

党的十八大以来,党中央坚持把解决好"三农"问题作为全党工作的重中之重,全面推进乡村振兴,确保农业稳产增产、农民稳步增收、农村稳定安宁,加快实现共同富裕。党的二十大报告提出,全面推进乡村振兴。坚持农业农村优先发展,坚持城乡融合发展,畅通城乡要素流动。扎实推动乡村产业、人才、文化、生态、组织五大振兴。

近年来,广东省坚持农业农村优先发展,全面推进乡村振兴,确保

第一章 为什么建设乡村振兴示范带？

农业稳产增产、农民稳步增收、农村稳定安宁，农业农村现代化迈出新步伐。2021年，在乡村振兴新征程上，广东实现突破，开启乡村振兴示范带建设工作，探索出一条符合广东实际、具有岭南特色的全面推进乡村振兴的路子。乡村振兴示范带是统筹推进"五大振兴"的"示范片""先行区"，是广东省全面实施乡村振兴战略的重要途径，是推动城乡融合发展、发展县域经济的重要抓手，是打造广东乡村振兴标志性品牌、迈进全国第一方阵的重要举措。

领航
解码广东乡村振兴示范带

第一节　广东乡村振兴持续探索

一、广东乡村振兴探索

广东作为我国改革开放的先行者，一直处于乡村振兴浪潮的前沿。2011年前后，广东省开始推进农村人居环境整治。从地方探索到全省实践，从名镇名村建设、新农村示范片建设、美丽乡村建设到农村人居环境整治、美丽乡村风貌带建设、美丽乡村精品路线打造、乡村大擂台打造等，广东乡村建设在省住房和城乡建设厅、省委农村工作（实施乡村振兴战略）领导小组办公室（简称省委农办）的牵头指引下持续探索，久久为功，成效显著。

2021年6月，省委、省政府印发《广东省乡村振兴驻镇帮镇扶村工作方

2014年5月
国务院办公厅印发《关于改善农村人居环境的指导意见》。

2015年6月
省住房和城乡建设厅与省委农办共同牵头，建立了省改善农村人居环境工作部门联席会议制度。

2016年3月
省住房和城乡建设厅牵头组织编制省政府"十三五"重点专项规划《广东省改善农村人居环境"十三五"规划（2016—2020年）》。

2014年9月
省委农办启动新农村示范片创建工作。

2014年11月
广东省人民政府办公厅印发《关于改善农村人居环境的意见》。

2015年11月
省住房和城乡建设厅会同省委农办印发《广东省改善农村人居环境工作分工实施方案》。

2017年2月
中共中央办公厅、国务院办公厅印发《农村人居环境整治三年行动方案》，省政府常务会议审议通过《广东省改善农村人居环境"十三五"规划（2016—2020年）》。

2014—2022年广东乡村振兴举措

案》，将乡村振兴驻镇帮镇扶村工作作为巩固拓展脱贫攻坚成果、全面推进乡村振兴的主抓手、主平台，统筹镇村产业发展、基础设施、公共服务建设，部署推进全省1 127个乡镇、近2万个行政村全面振兴，明确了广东乡村振兴时间表和路线图，全力全面推进乡村振兴战略落实。

2021年2月9日，广东省第二届"乡村振兴大擂台"活动启动仪式在广东广播电视台举行。"乡村振兴大擂台"是全国首档乡村振兴电视问政主题综艺节目，节目的创办旨在检视和展示广东省的乡村振兴成果，促进各市、县、村之间的经验交流，形成全省各地比学赶超推进乡村振兴取得实效的良好氛围。"乡村振兴大擂台"活动的八大评选标准分别为农村人居环境整治提升情况，沿线连片美丽乡村风貌带建设情况，乡村产业发展情况，基础设施和公共服务建设情况，数字农业农村发展情况，县（市、区）、镇村书记落实乡村振兴责任情况，多元化支持保障乡村风貌提升资金情况，海选情况。

2021年7月28日开始，第三届"广东十大美丽乡村"系列活动开展，评选出了具有示范引领作用的美丽乡村、精品线路、特色名村，推动美丽乡村建

2017年5月
省委农办牵头推进全省农村人居环境整治工作，省住房和城乡建设厅等其他省直部门配合。

2018年8月
省住房和城乡建设厅印发《广东省住房和城乡建设厅关于落实乡村振兴战略推进农村人居环境整治实施方案》，并配套制定12个工作指引技术标准。

2020年7月
省委农办等4部门印发《关于举办寻找乡村振兴排头兵——第二届"广东十大美丽乡村""广东美丽多村精品线路""广东特色名村"系列评选活动工作方案》的通知。

2018年5月
省委、省政府印发《关于推进乡村振兴战略的实施意见》《关于全域推进农村人居环境整治建设生态宜居美丽多村的实施方案》。

2019年9月
省委、省政府印发《关于全域推进农村人居环境整治建设生态宜居美丽乡村的实施方案》。

2021年2月
省委、省政府印发"十四五"期间推动广东省新时代幸福乡村建设工作相关文件。

2022年1月
省政府工作报告强调，要在全省连线成片建设一批特色鲜明、辐射带动能力强的乡村振兴示范带。

领航
解码广东乡村振兴示范带

设深化推进，为新阶段广东省全面推进乡村振兴助力添油。这届活动新增加了"广东乡风文明示范村""广东特色民宿名村""广东美丽侨村""广东美丽渔港"4个奖项，同时将"农房风貌提升名村"奖项提升为"广东美丽乡村风貌提升示范带"，目的是推动广东的村庄从点上的美丽向沿线连片美丽乡村风貌带拓展，持续开展农村人居环境整治，高标准高质量推进美丽乡村建设。

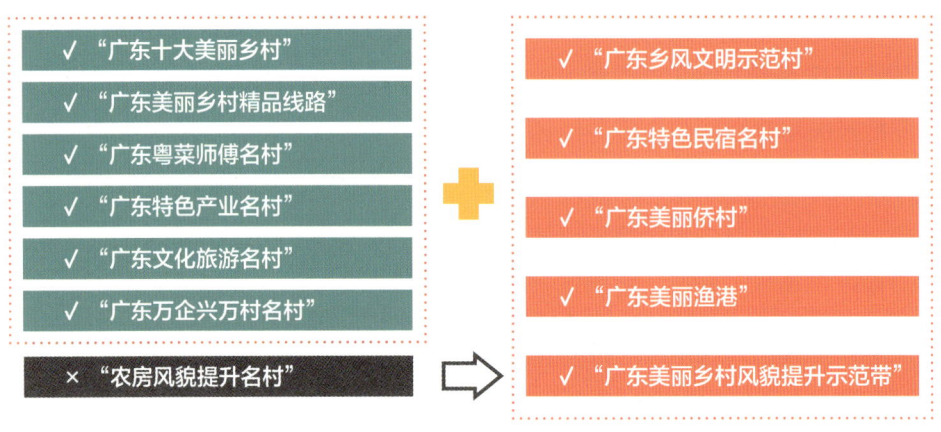

"广东省十大美丽乡村"系列活动

二、广东乡村振兴的特点和问题

（1）广东乡村振兴的特点

广东乡村振兴最为鲜明的特点主要有以下六点：一是高速、高度的城市化发展同化了原有的乡村；二是经济高度发达的大湾区城市群内部仍存在部分都市农业体，但正随着珠三角加速的城市化过程逐步缩小；三是广东与香港、澳门从"前店后厂"的制造业合作发展出一些新兴服务业的"村-城"合作模式；四是粤东、粤西、粤北一些自然条件恶劣的村落通过珠三角发达城市的对口援建，实现整体搬迁和脱贫；五是得益于全国最大规模的华侨华人回乡投资创业，衍生出一批具有"侨资"特色的乡村振兴项目；六是一些农产品质量较好、特色较鲜明的乡村与大湾区城市结成固定的农产品供求关系。（资料来源："中国乡村振兴的广东样本"系列调研报告）

(2) 广东乡村振兴的问题

① 城乡发展不平衡

2021年，广东全省地区生产总值达12.4万亿元，同比增长8%，跻身全球前十大经济体，但城乡差距依然巨大。"最富的地方在广东，最穷的地方也在广东"，这句话是广东区域城乡发展不平衡的写照。2018年10月，习近平总书记在视察广东时指出，城乡发展不平衡、农村发展不充分，是广东最大的短板，广东要继续走在全国前列，最艰巨最繁重的任务在农村，最大的潜力和后劲也在农村，要把短板变成"潜力板"。

2021年城乡居民收入比全国平均线为2.504，广东是2.459，位于第三方阵末位，是31个省（自治区、直辖市）中的倒数第八位，其中，第一方阵的浙江是1.943。

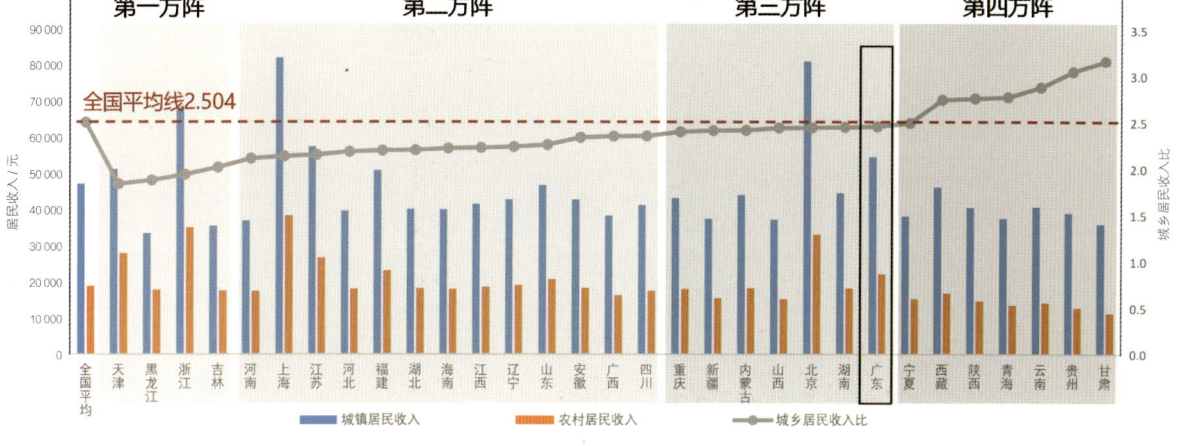

2021年全国城乡居民收入差距

2021年广东省政府工作报告中指出，区域发展不平衡、城乡发展差距较大仍然是广东省最大的短板。2022年广东省政府工作报告中继续提及，区域发展不协调问题还需加大力度解决，城乡发展差距依然较大，促进共同富裕任重道远。"什么才是实现广东乡村振兴的有效路径"是当前广东乡村振兴面临的现实问题。

②土地、资金、企业问题

"找地难、找钱难、找企业难"问题是当前乡村振兴的难点、痛点、堵点。

土地是农村集体最大的资产，但在农村土地改革推进过程中，土地资源仍然未能得到充分有效的盘活和利用。原因主要有以下几点：一是农村土地布局散乱，旧宅基地闲置、破旧基础设施弃用、部分基础设施和农民建房未经规划批建等现象仍然突出。二是土地规范化经营的需求旺盛与土地制度不完善、农村土地产权不明晰、流转机制不健全之间的矛盾仍然突出。三是农地流转市场尚未健全成熟，农地市场运行机制尚不完善，流转各环节梗阻不畅、政府监管不到位、土地流转纠纷不断和履约风险较大等现象普遍存在，农民对土地入市流转的信心不足。四是农村社会保障体系尚不够完善，保障额度偏低——土地仍旧是农民生产生活的重要依存资源，失地后如何确保农民生存保障、发挥土地最大经济效能，是必须解决的问题。

土地问题			
① 农村土地布局混乱	② 土地规范化经营	③ 农地流转市场尚未成熟	④ 农村社会保障体系尚未完善
➢ 旧宅基地闲置 ➢ 破旧基础设施弃用 ➢ 部分基础设施未经规划批建 ➢ 部分农民建房未经规划批建	➢ 土地制度不完善 ➢ 农村土地产权不明确 ➢ 流转机制不健全	➢ 农地市场运行机制尚不完善 ➢ 流转各环节梗阻不畅 ➢ 政府监管不到位 ➢ 土地流转纠纷 ➢ 履约风险较大	➢ 保障额度偏低

土地问题

资金短缺长期以来都是制约农业农村快速健康发展的关键瓶颈。在当前的农村金融体系下，金融服务欠缺，信贷投入不足，远无法满足现代农村对资金的基本需求；农业保险规模与农村经济需求的矛盾，导致农村经济发展缺乏保障，农业发展投资风险高、利润低；农民缺乏抵押担保物，难以获得发展农业产业所需的基本启动资金；农村资金不断大量外流，农村金融组织的资金运用非农化，对农村的资金支持不断减少，致使农民的贷款需求难以满足，极大限制了农村经济的发展。

③人才问题

乡村振兴，关键在人。当前，随着乡村振兴战略的推进，在乡村人才支撑方面仍然存在短板。

一是总体数量不足。现有农村实用人才数量有限，与加快农业科学技术推广和农业产业化进程的新要求不相适应。

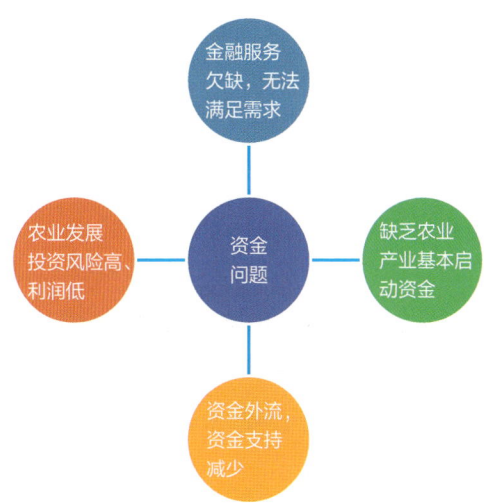

资金问题

二是结构需要优化。在农村从事种养业生产的人才较多，而从事农产品精深加工及农产品流通的人才较少，特别是外向型、开拓型农村经营管理人才极其短缺，适合乡村新业态的人才更加缺乏。此外，创业型人才与农村经济领域"领军人物"匮乏，导致农副产品的加工贸易跟不上，农业生产附加值低。

三是管理松散，人才作用发挥不够。由于农村人才种类繁多，造成多头管理，除农业部门和人事部门经常性开展一些农业科技教育培训之外，其他部门对农村人才培育较少，部分农村人才的思想观念仍滞后于经济社会发展，其作用发挥不够。

四是人才流失严重，后备不足。人员外流、乡村空心化等现象，正在制约着乡村振兴的推进。一些农村人才致富后到城镇发展，有的到发达地区创业，学校毕业生和学有所长的复员退伍军人也不太愿意在农村创业，外出务工的较多。尤其是卫生、教育等民生领域的农村人才向城区流动较多，致使农村人才队伍后备力量不足。

因此，"实施乡村振兴战略，必须破解人才瓶颈制约。"必须建设一支数量宏大、素质较高、结构合理、懂农业爱农村的乡村人才队伍，为乡村全面振兴提供坚实的人才保障。

领航
解码广东乡村振兴示范带

第二节 乡村振兴示范带的提出

一、国家战略：抓点带面推进乡村振兴全面展开

（1）2021年中央一号文件——重视农村人居环境整治提升

2021年2月21日，中央一号文件《中共中央 国务院关于全面推进乡村振兴加快农业农村现代化的意见》发布，全文共5个部分，包括：总体要求、实现巩固拓展脱贫攻坚成果同乡村振兴有效衔接、加快推进农业现代化、大力实施乡村建设行动、加强党对"三农"工作的全面领导。这是21世纪以来第18个指导"三农"工作的中央一号文件。

文件指出，民族要复兴，乡村必振兴。要坚持把解决好"三农"问题作为全党工作重中之重，把全面推进乡村振兴作为实现中华民族伟大复兴的一项重大任务，举全党全社会之力加快农业农村现代化，让广大农民过上更加美好的生活。文件还提出，构建现代农村产业体系，需要开发休闲农业和乡村旅游精品线路，完善配套设施；实施农村人居环境整治提升五年计划，开展美丽宜居村和美丽庭院示范创建活动。

（2）2022年中央一号文件——全面推进乡村振兴

2022年2月22日，第19个指导"三农"工作的中央一号文件《中共中央 国务院关于做好2022年全面推进乡村振兴重点工作的意见》发布。

文件突出年度性任务、针对性举措、实效性导向，部署2022年全面推进乡村振兴重点工作，明确了两条底线任务（保障国家粮食安全和不发生规模性返贫）、三方面重点工作（乡村发展、乡村建设、乡村治理），推动实现"两新"（乡村振兴取得新进展、农业农村现代化迈出新步伐）。

文件强调，"扎实稳妥推进乡村建设"，统筹城镇和村庄布局，科学确定村庄分类，加快推进有条件有需求的村庄编制村庄规划，严格规范村庄撤并；"聚焦产业促进乡村发展"，重点发展农产品加工、乡村休闲旅游、农村电商等产业；实施乡村休闲旅游提升计划；构建以国家公园为主体的自然保护地体系。

（3）2022年5月《乡村建设行动实施方案》——明确乡村振兴行动实施路径

2022年5月，中共中央办公厅、国务院办公厅印发了《乡村建设行动实施方案》。文件明确了乡村建设行动目标：到2025年，乡村建设取得实质性进展，农村人居环境持续改善，农村公共基础设施往村覆盖、往户延伸取得积极进展，农村基本公共服务水平稳步提升，农村精神文明建设显著加强，农民获得感、幸福感、安全感进一步增强。

文件提出了12项重点任务，可概括为"183"行动。"1"就是制定一个规划，确保一张蓝图绘到底。"8"就是实施八大工程：道路方面，重点实施农村道路畅通工程；供水方面，重点强化农村防汛抗旱和供水保障；能源方面，重点实施乡村清洁能源建设工程，巩固提升农村电力保障水平；物流方面，重点实施农产品仓储保鲜冷链物流设施建设工程；信息化方面，推进数字技术与农村生产生活深度融合；综合服务方面，重点实施村级综合服务设施提升工

明确乡村振兴行动实施路径，为乡村建设行动提供指导方向
《乡村建设行动实施方案》

"1"：制定一个规划	"8"：实施八大工程	"3"：健全三个体系
确保一张蓝图绘到底 坚持县域规划建设一盘棋 明确村庄布局分类 积极有序推进村庄规划编制	农村道路 防汛抗旱和供水保障 清洁能源 村级综合服务设施 农产品仓储保鲜冷链物流设施 数字乡村 农房质量安全 农村人居环境整治	农村基本公共服务提升 农村基层组织建设 农村精神文明建设

乡村建设行动实施方案重点工作

程；农房方面，重点实施农房质量安全提升工程，加强历史文化名镇名村、传统村落、传统民居保护与利用；农村人居环境方面，重点实施农村人居环境整治提升五年行动，统筹农村改厕和生活污水、黑臭水体治理，健全农村生活垃圾收运处置体系。"3"就是健全三个体系：实施农村基本公共服务提升行动，加强农村基层组织建设，深入推进农村精神文明建设。

（4）党的二十大报告提出"全面推进乡村振兴"——强调"建设宜居宜业和美乡村"

习近平总书记在党的二十大报告中提出"全面推进乡村振兴"，强调"建设宜居宜业和美乡村"。这是以习近平同志为核心的党中央统筹国内国际两个大局、坚持以中国式现代化全面推进中华民族伟大复兴，对正确处理好工农城乡关系作出的重大战略部署，必将为新时代新征程全面推进乡村振兴、加快农业农村现代化指明前进方向。新时代新征程，全面推进乡村振兴，建设宜居宜业和美乡村，具有深远的历史意义和重大的现实意义。

二、广东部署：建设乡村振兴示范带，迈入全国乡村振兴第一方阵

2022年1月，广东省委常委会召开会议，时任省委书记李希明确提及乡村振兴示范带创建，提出大力实施美丽乡村建设行动，谋划建设一批特色鲜明、辐射带动能力强的乡村振兴示范带；时任省委常委叶贞琴指出要将乡村振兴示范带纳入2022年重点工作。广东省政府工作报告强调要在全省连线成片建设一批特色鲜明、辐射带动能力强的美丽乡村风貌带、美丽乡村精品带、乡村振兴示范带，打造一批美丽乡村精品线路和高品质民宿，推进美丽乡村建设与乡村产业发展有机融合。

2022年4月16日，全省乡村振兴示范带建设工作电视电话会议召开，会议部署了广东乡村振兴示范带建设工作，提出推进乡村振兴示范带建设：以中

心村为节点、圩镇为枢纽,串点成线、连线成片、集片成带,同步推进乡村发展、乡村建设、乡村治理的先行示范带,统筹推进山水林田湖草修复和乡村风貌塑造,分步分类打造乡村振兴综合体。从"示范村"到"示范带",广东全面实施乡村振兴战略有了全新"舞台",将在新征程上探索出一条符合广东实际、具有岭南特色的全面推进乡村振兴的路子。自此,广东全域推进建设乡村振兴示范带,展现各美其美的特点。

2022年6月11日,《中共广东省委 广东省人民政府关于做好2022年全面推进乡村振兴重点工作的实施意见》提出:坚持稳中求进工作总基调,立足新发展阶段,完整、准确、全面贯彻新发展理念,构建新发展格局,推动高质量发展,促进共同富裕,坚持和加强党对"三农"工作的全面领导,充分发挥农村基层党组织战斗堡垒作用,牢牢守住保障粮食安全和不发生规模性返贫两条底线,深入实施"三农"领域补短板"九大攻坚"行动,抓好乡村发展、乡村建设、乡村治理等重点工作落实,全面推进广东省乡村振兴取得新进展新成效。其中,"稳妥推进乡村建设"章节,要求推进乡村振兴示范带建设:以中心村为节点、圩镇为枢纽,多镇连片、整县整镇或跨县连镇整体推进产业振兴、人才振兴、文化振兴、生态振兴、组织振兴,统筹推进山水林田湖草修复和乡村风貌塑造,分步分类打造乡村振兴综合体。

2022年11月至今,省委书记黄坤明,省委副书记、省长王伟中开展了多个地市的调研,对乡村振兴工作作出重要指示:一是勉励干部群众牢记总书记殷殷嘱托,以奋进姿态抓好产业振兴、乡村建设、乡村治理、乡风文明等工作,推动村里实现更大发展,让村民过上更加富足富裕的生活。二是要抓好乡村"五大振兴",推动乡村产业全链条升级,大力发展农产品精深加工,千方百计拓宽农民增收致富渠道,持续巩固拓展脱贫攻坚成果。三是要抓好宜居宜业和美乡村建设,深入实施"百县千镇万村高质量发展工程",加快补齐农村基础设施短板,提升基本公共服务水平,完善乡村治理体系,让广大农民安居乐业、农村社会安定有序。乡村振兴示范带建设工作是落实"五大振兴"、促进和美乡村建设、实施"百县千镇万村高质量发展工程"的重要抓手。

领航
解码广东乡村振兴示范带

第三节 示范带创建的重要意义

一、乡村振兴示范带建设的三个理由

(1) 新形势和老问题

力图"全面振兴、全民共富、全域共美"和广东乡村振兴工作向全面体现"五大振兴"转变是广东乡村振兴的新形势。

当前,"三农"工作重心已转向全面推进乡村振兴,范围更广,要求更高,任务更重。实现共同富裕是社会主义的本质要求。习近平总书记强调,"促进共同富裕,最艰巨最繁重的任务仍然在农村"。国之大者,在乎富民。新时代扎扎实实推进共同富裕社会建设,既有利于通过实践进一步丰富共同富裕的思想内涵,也有利于探索破解新时代社会主要矛盾的有效途径,更有利于新时代全面展示中国特色社会主义制度的优越性。2021年6月,《中共中央 国务院关于支持浙江高质量发展建设共同富裕示范区的意见》发布,紧扣推动共同富裕和促进人的全面发展,围绕构建有利于共同富裕的体制机制和政策体系,对支持浙江高质量发展建设共同富裕示范区作出部署,以解决地区差距、城乡差距问题为主攻方向,更加注重向欠发达地区倾斜。

千万工程示范引领	整体推进	深化提升	转型升级全域共美	共同富裕示范区建设
2003—2007年	2008—2012年	2012—2017年	2018—2020年	2021年至今
推动"千村示范、万村整治"工程,以全面小康示范村建设为重点,实施村庄整治建设。	提出全省美丽乡村建设行动,从人居建设、环境提升、经济推进、文化培育等方面,由点及面整治。	开展"农房改造建设示范村工程",着眼于农村住房改造和环境整治,分类打造特色示范村庄。	"万村景区化""全域大花园""小城镇环境综合整治""美丽小城镇"	"未来社区""乡村振兴示范区""城乡生活圈"

广东迈向"全面振兴,全民共富、全域共美"的步伐

第一章 为什么建设乡村振兴示范带？

"十二五"和"十三五"期间，广东乡村振兴工作主要以学习浙江经验、打好基础为主，开展了名镇名村，省级新农村示范片，从化、花都等地试点美丽乡村建设工作的探索实践，不断加快步伐，全面推进人居环境整治，深入开展脱贫攻坚工作。"十四五"期间是广东乡村振兴高质量发展阶段，广东省将全面推进乡村振兴工作，创建新时代幸福村居，开展乡村振兴示范带建设，力图走出一条富有岭南特色的路径，奋力迈向第一方阵。

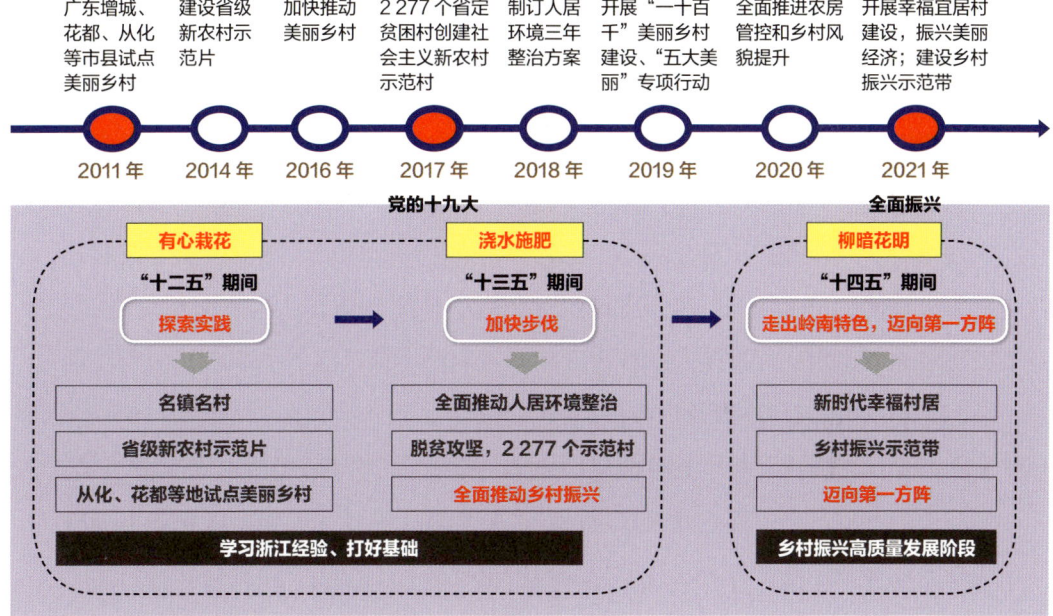

近年来广东乡村振兴工作持续推进

城乡差距巨大，乡村建设规模效应没有显现仍然是乡村振兴面临的老问题。现今，城乡差距越拉越大，发达地区与欠发达地区相差悬殊，城乡差距已经成为非常严峻的问题。城乡差距过大，在一定程度上影响了中国经济的全面发展。努力缩小城乡差距，实现城乡经济的协调发展，将对中国经济的发展产生全局影响，更加有利于全面建成小康社会。目前广东全省基本建成千村示范万村整治示范村1 519个（全省20 387个村）、美丽宜居村12 214个、特色精品村1 316个，2 277个省定贫困村实现了"后队变前队"。但乡村建设规模效应仍没有显现，整体效果还不明显。广东乡村振兴工作基本上完成了从示范引领到整体推进，走完了浙江2003—2012年的前两步阶段，下一步将深化提升和优化提升，加快从全面小康迈向共同富裕。

（2）新变化和新路子

创建乡村振兴示范带是从"点"的建设向"连片发展模式"的转变。集聚是产生经济社会效益的有效办法，新农村的连片发展对于区域的乡村建设优化也具有重要的作用。广东省自2014年开始，逐步探索新农村、连片示范区建设工程的规划建设实施方案，在佛冈、连州、连南、阳山、乳源、龙川等地区的省级新农村示范片进行了新农村连片规划建设的探索，并首次提出了"组合抱团"建设的方法路径及"成片发展"的推广类型——用"统筹发展"的理念，实现连片区域内各村庄在"生产、生活、生态"等方面的全地域、全领域规划覆盖，提出"示范带动"和"就近带动"的乡村发展模式，推广示范村建设的成功经验，实现连片发展。2017年，广东省启动了第二轮省级新农村示范片建设，连片示范的经验得到传承。

2013年，浙江开始"精品线路"探索。广东省学习浙江经验，省委农办于2018年召开的精品线路创建工作启动会，标志着广东省开始往区域联动、三产融合的连片发展模式发展。各地逐渐探索出"乡村风貌带"的建设模式，2020年《广东省人民政府关于全面推进农房管控和乡村风貌提升的指导意见》也提出连片打造风貌带。

当下，广东各地大力打造乡村振兴示范带。2022年累计建成韶关乐昌、梅州大埔、肇庆封开等5条省际廊道乡村风貌带，广州增城"十里碧道"、韶关"丹霞彩虹"、清远"龙腾峰林"等200多条美丽乡村风貌带，博罗县"七星耀罗浮"、惠东县"山海田园，考洲乡情"等570多条美丽乡村精品线路，为乡村振兴示范带的建设奠定了良好基础。佛山、茂名、汕尾明确提出建设乡村振兴示范带，2021年得到省的认可。

◈ 第一章 为什么建设乡村振兴示范带？

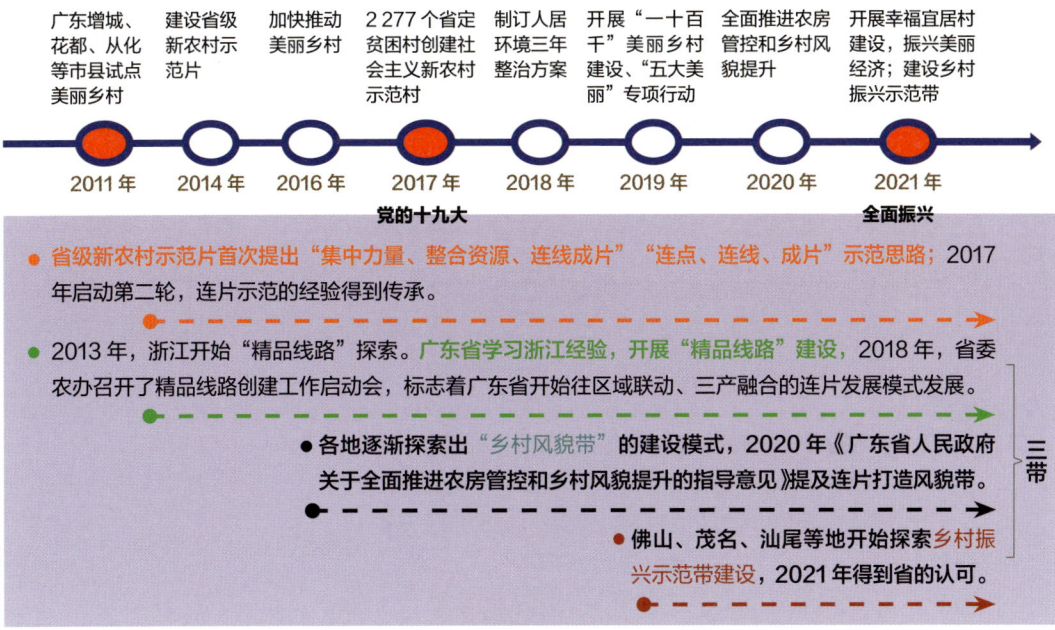

从"点"到"片"到"带"

- **美丽乡村精品旅游线路**：博罗县"七星耀罗浮"、惠东县"山海田园·考洲乡情"等570多条。
- **美丽乡村风貌提升示范带**：广州增城"十里碧道"、韶关"丹霞彩虹"、清远"龙腾峰林"等200多条。
- **省际廊道乡村风貌带**：韶关乐昌、河源和平、梅州大埔、潮州饶平、肇庆封开5条。
- **乡村振兴示范带**：汕尾市覆盖面积最广，佛山"百里芳华"、茂名"精彩100里"主题特色鲜明。

精品线路、乡村风貌带奠定了良好基础

乡村振兴示范带是广东逐渐探索出来的新路子。以佛山"百里芳华"乡村振兴示范带为例，为落实党中央关于实施乡村振兴战略和推进粤港澳大湾区建设的重大战略任务，建设与粤港澳大湾区相匹配的美丽乡村，以及落实省委、省政府关于加快推进以美丽家园、美丽田园、美丽河湖、美丽园区和美丽廊道

015

领航
解码广东乡村振兴示范带

等五大行动为主要内容的美丽乡村建设工作部署，佛山率先推进乡村振兴示范带建设。佛山全面落实省委常委叶贞琴同志有关指示批示精神，在省农业农村厅的关心和指导下，全面强化机制创新、资源整合、多方参与、错位发展和风貌提升，深入开展乡村振兴实践探索，高标准打造"百里芳华"乡村振兴示范带，美丽乡村建设取得明显突破。

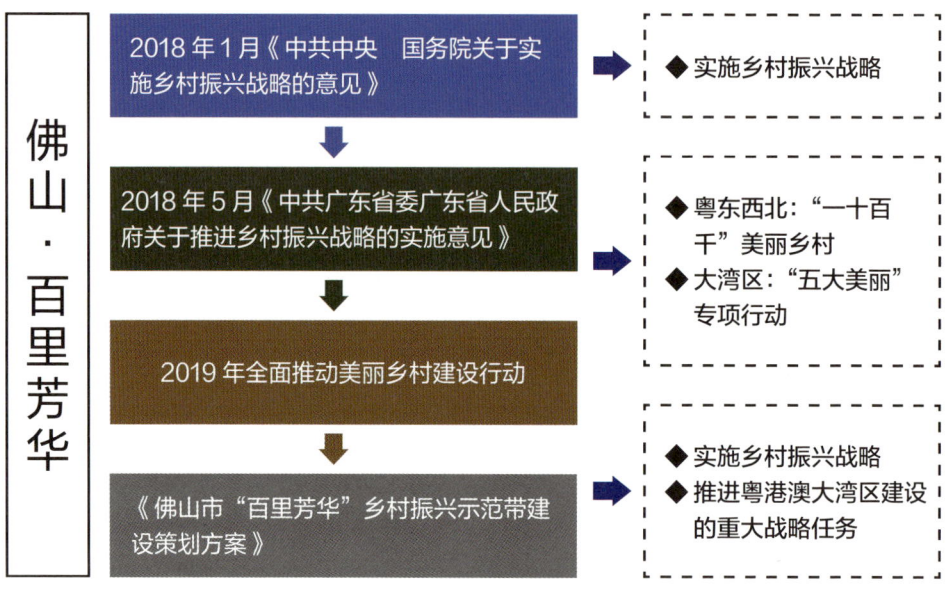

佛山"百里芳华"乡村振兴示范带建设

"三道"——广东万里碧道、南粤古驿道、广东绿道属广东特有。广东万里碧道是以水为纽带，以江河湖库及河口岸边带为载体，统筹生态、安全、文化、景观和休闲功能建立的复合型廊道。通过系统思维共建共治共享，优化廊道的生态、生活、生产空间格局，形成碧水畅流、江河安澜的安全行洪通道，水清岸绿、鱼翔浅底的自然生态廊道，留住乡愁、共享健康的文化休闲漫道，以及高质量发展的生态活力滨水经济带。南粤古驿道起源于秦汉，是历史上中原汉人入粤和岭南商贸活动的主要路径，也是海上丝绸之路向内陆延伸的重要通道，源源不断地促进物流、人流、文化往来，积累了诸多宝贵的历史文化遗产。南粤古驿道覆盖全省，是广东历史发展的重要缩影和文化脉络的延续。

广东绿道建设起步早、历时长、成效快,秉承"道"的通畅、"绿"的培育、"网"状布局规划建设理念,十多年来有序推进建设。截至目前,累计总里程超过2万千米,形成了遍布南粤大地的绿道网络,将居民点、自然和人文景观与生态保护地串联为一体,提升了城乡空间生态环境品质,成为广东一道亮丽的风景线。广东万里碧道、南粤古驿道、广东绿道投入巨大,为乡村振兴示范带建设奠定了良好基础。

(3)老问题和新手段

区域内部差异大是广东乡村振兴面临的老问题,而乡村振兴示范带建设是解决老问题的新手段。

传统区域规划理论认为,区域城镇体系的发展可分为四个阶段:一是离散阶段(低水平均衡阶段),城镇发展主要依靠农业,以小城镇发展为主,缺少大中城市,没有核心结构,构不成等级体系。二是极化阶段,对应工业化兴起、工业迅速增长并成为主导产业的阶段。中心城市强化,区域城镇化处于大城市发展模式。三是扩散阶段,对应工业结构高度化阶段。中心城市的轴向扩展带动中小城市的发展,点轴系统形成,城镇化处于"大城市+中小城市"发展阶段。四是成熟阶段(高级均衡阶段),对应信息化与产业高技术化发展阶段,区域生产力均衡发展,空间结构网络化,形成"点—轴—网络"系统,表现为大中小城市综合发展模式,整个区域成为一个高度发达的城市化区域。乡村地区示范发展将遵循从普遍落后到局部示范再到轴带扩散,最后实现全域振兴的过程,有利于集中力量形成规模效应。

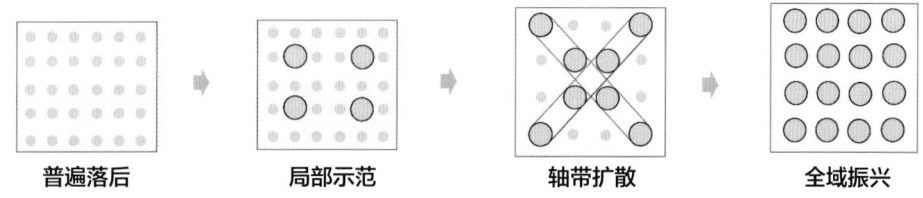

乡村地区示范发展过程

领航
解码广东乡村振兴示范带

广东省内不同区域资源禀赋和乡村发展条件（如粤东、粤西、粤北和大湾区）的建设基础不一，决定了必须率先选择资源条件好、建设基础好的地区开展示范带建设。

二、乡村振兴示范带建设的重要意义

乡村振兴示范带建设是全面推动乡村振兴的重要探索，是促进城乡融合发展、实现共同富裕的有效路径。乡村振兴，示范"带"动。乡村振兴示范带旨在以村为节点、以镇为枢纽，串点成线、连线成片、集片成带，凝聚工作力量、整合优势资源、发挥集聚效应，将各种资源、各种业态融为一个整体，互为补充、互相支撑，形成乡村发展、乡村建设、乡村治理的先行示范带，以"带"的振兴辐射带动全省乡村振兴。

建设乡村振兴示范带可打破传统意义上的城乡地域限制，有助于城乡统筹布局、发挥集聚优势、形成规模效应。此外，示范带因地制宜围绕产业、人才、文化、生态、组织"五大振兴"进行建设，能够有效解决示范带内的"三农"问题：在产业方面，有利于壮大示范带内优势产品，实现第一、二、三产业融合发展；在生态方面，有利于改善示范带内的生态环境，让生态效益转化成经济效益，实现可持续发展；在文化方面，有利于弘扬和传承示范带内本土优秀传统文化，丰富人民的精神生活，开阔群众的文化视野；在人才方面，有利于吸引人才下乡，支持乡村的发展、建设、治理工作；在组织方面，有利于提高该区域内基层党组织的管理能力，提升示范带的"三治"水平，实现乡村治理体系的完善。

与此同时，乡村振兴示范带的创建，最重要、最根本、最关键的是产业振兴。习近平总书记在河北承德考察时指出："产业振兴是乡村振兴的重中之重，要坚持精准发力，立足特色资源，关注市场需求，发展优势产业，促进第一、二、三产业融合发展，更多更好惠及农村农民。"这一重要论述，为新发展阶段深入实施乡村振兴战略、加快农业农村现代化指明了主攻方向，明确了方法路径，提供了工作遵循。因此，乡村振兴示范带上的产业振兴要走第一、二、三产业融合发展之路，推动农业产业链延伸融合，推动乡村产业功能拓展融合，培育壮大三产融合发展组织载体，实现工业与农业、城镇与乡村联动发展，实现乡村全面振兴、全域美丽、全民共富。

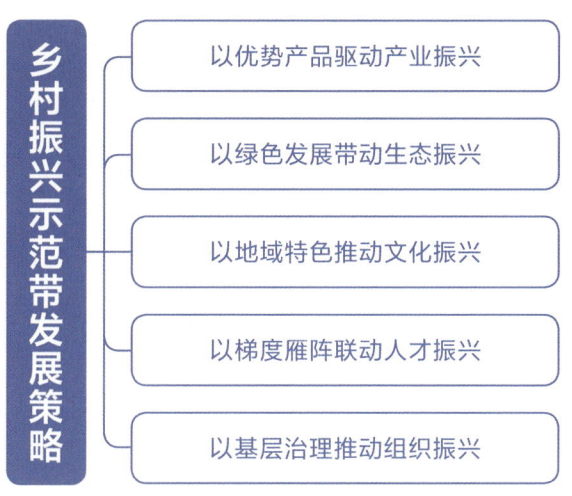

乡村振兴示范带发展策略

从美丽乡村到"示范带",广东省以打造"广东样板,全国示范"乡村振兴示范带为关键抓手,扎实有序做好乡村发展、乡村建设、乡村治理重点工作,推动乡村振兴走在全国前列。奋力推进高质量发展,全力推动乡村振兴示范带建设,以点带面、串珠成链,充分发挥乡村振兴示范带的示范引领作用,让沿线乡村面貌和乡风民风得到显著提升,呈现出乡村振兴的勃勃生机。

更深层次、更高水平、更广范围地推进建设"岭南特色"乡村振兴示范带创建,是为了在新征程上探索出一条符合广东实际、具有岭南特色的全面推进乡村振兴的路子。参照《广东省乡村振兴示范带建设指引(试行)》,乡村振兴示范带应具备十大标准,即党建引领作用强、乡村产业发展好、乡村环境干净整洁、乡村风貌特色鲜明、乡风文明向上向善、基础设施逐步完

第二章 乡村振兴示范带是什么？

善、公共服务按需配备、乡村治理和谐稳定、乡村运营规范有序、初步建成一定规模。

与此同时，要从农业农村的实际出发，遵循乡村发展和建设规律，以提高农民的获得感、幸福感、安全感为目的，以增强示范引领性、辐射带动性为目标，既要大胆创新、勇于实践，更要务实推进、务求实效，正确把握好若干事关全局的现实性、实践性、规律性问题，确保在推进过程中不偏向、不走样。要重点处理好乡村振兴示范带与美丽乡村风貌带、全面推进和重点突破、集中攻坚和久久为功、农民主体和政府作为、示范带建设和全局工作等五方面的关系。

第一节 乡村振兴示范带的定义内涵

《广东省乡村振兴示范带建设指引（试行）》指出，乡村振兴示范带是以中心村为节点、圩镇为枢纽，串点成线、连线成片、集片成带，统筹推进产业、人才、文化、生态、组织"五大振兴"的先行示范区。

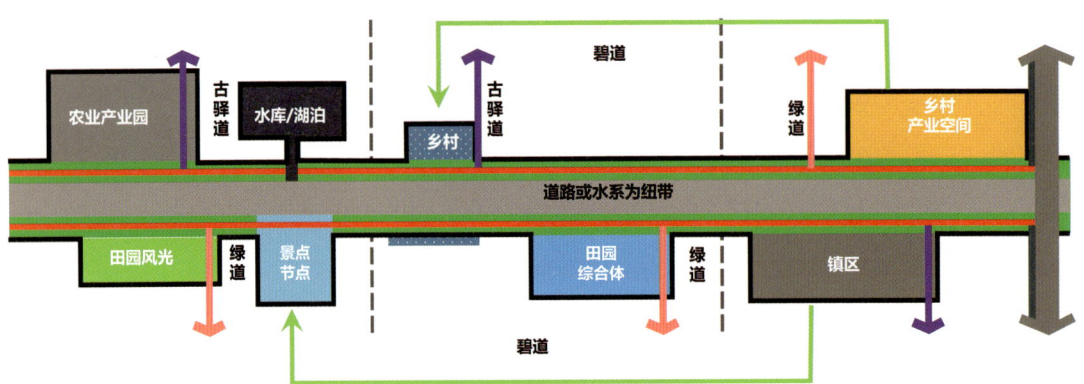

乡村振兴示范带空间示意图

第二节 乡村振兴示范带的建设要求

一、建设标准

《广东省乡村振兴示范带建设指引（试行）》文件中明确提出，乡村振兴示范带应串联不少于1个圩镇、5个行政村，且精品段不少于10千米。其中，串联的圩镇要达到"示范圩镇"标准，5个行政村都要达到"美丽宜居村"标准，至少3个自然村要达到"特色精品村"标准。乡村振兴示范带还应具备八大基本要素。

乡村振兴示范带应串联不少于1个圩镇、5个行政村，且精品段不少于10千米		
串联的圩镇达到"示范圩镇"标准	行政村达到"美丽宜居村"标准	至少3个自然村达到"特色精品村"标准

乡村振兴示范带建设要求

一是党建引领。县镇党委和政府把落实"四个优先"作为做好"三农"工作的头等大事，纳入重要议事日程并抓好落实。农村基层党组织战斗堡垒作用和党员的先锋模范作用发挥明显。农村基层党组织加强对农村各类组织的统一领导，全面领导乡村各项工作，带领村集体经济增收和农民致富成效明显。

二是产业兴旺。镇村第一、二、三产业融合发展，"一镇一业、一村一品"特色产业具备一定规模，主导产业链基本建成，有1~2个优势突出且有一定知名度的主导产业，建成1个以上农村电商基层示范站，数字经济得到发展，新型农业经营主体联农带农作用强。

三是环境改善。农村厕所革命、生活垃圾分类治理、生活污水治理实现全覆盖，村容村貌全面提升；山水林田湖草沙系统治理成效明显，达到"五美"

要求，长效管护机制建立健全。

四是风貌提升。以自然村为单元整体提升农房风貌，突显岭南特色，美丽乡村建设与长征国家文化公园（广东段）、万里碧道、"四好农村路"、现代农业产业园等有效融合，乡村风貌连线成片整体提升。

五是乡风文明。新时代文明实践中心（所、站）实现全覆盖，文明实践及志愿服务活动广泛开展，农村思想道德基础有效夯实，乡村文化繁荣发展，农村陈规陋习得到有效遏制，婚事新办、丧事简办、孝亲敬老等社会风尚更加浓厚，文明乡风、良好家风、淳朴民风全面形成。

六是设施完善。完成党群服务中心、集中供水、村内道路、公共照明、卫生服务站等基础设施建设，按需建有幼儿园、养老设施、防灾减灾、治安防护、旅游咨询等设施。

七是治理有效。基层党组织坚强有力，核心作用发挥明显，建立健全党组织领导的自治、法治、德治相结合的乡村治理体系，镇村持续保持和谐稳定。

八是运营规范。积极引导各类企业、农民合作社和乡村创客等参与乡村振兴示范带运营，推动美丽乡村释放出美丽经济，构建适地性、可持续、多元化的运营模式。特色精品村村民委员会或者村集体经济组织应和运营主体签订规范性合同，明确双方职责，建立共商共建共享机制。

八大基本要素		
	党建引领	发挥党组织和党员的先锋作用
	产业兴旺	第一、二、三产业融合发展
	环境改善	山水林田湖草沙系统治理
	风貌提升	连线成片提升乡村风貌
	乡风文明	文化遗产修复利用
	设施完善	完成基础设施建设
	治理有效	建立党组织领导的乡村治理体系
	运营规范	推动美丽乡村释放出美丽经济

乡村振兴示范带应具备的八大基本要素

二、建设原则

（1）坚持规划先行，突出统筹推进

思深方益远，谋定而后动。实施乡村振兴战略，是一项长期的历史性任务，也是一项复杂的系统工程，规划则是实施这项系统工程的"第一道工

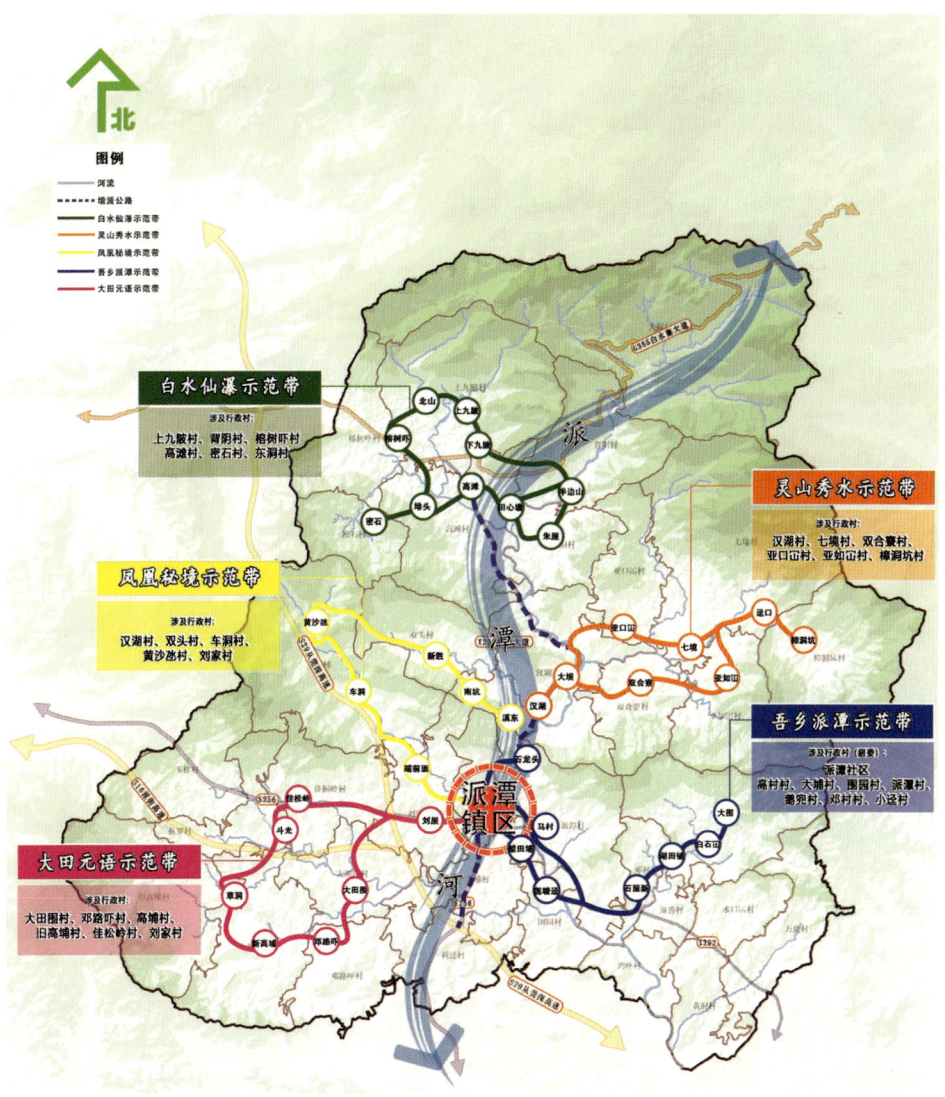

派潭镇新乡村示范带总体规划图

序"。习近平总书记多次强调，规划科学是最大的效益，规划失误是最大的浪费，规划折腾是最大的忌讳。乡村振兴示范带建设亦是如此。

建设乡村振兴示范带必须树立系统观念，先规划后建设，坚持"一张蓝图绘到底"，集中攻坚和久久为功、示范带动和整体推进相结合，合理安排建设时序，实现农村人居环境整治提升与公共基础设施改善、乡村产业发展、乡风文明进步互相促进。多个珠三角地区和粤东西北地区的乡村振兴示范带规划，如《连南瑶族自治县乡村振兴示范带总体规划（2022—2035）》《派潭镇新乡村示范带总体规划》等，为乡村振兴示范带建设提供了规划支撑。

（2）坚持因地制宜，突出分类施策

我国地域辽阔，自然资源复杂多样，人文现象千姿百态，区域经济发展分化态势明显，发展动力极化现象日益突出。在这样的大趋势和大环境中，实现乡村振兴战略要因地制宜，结合当地的经济发展、自然资源、历史人文、交通环境等因素，合理布局。乡村振兴具有地方特色，只有因地制宜，才能够更好地调动当地的资源、力量，推进乡村振兴。

因此，建设乡村振兴示范带必须同地方经济发展水平相适应，同当地文化和风土人情相协调，分类确定建设标准和目标任务，不搞"一刀切"，避免同质化，建设各美其美的示范带。杜绝"形象工程""堆盆景"，坚持数量服从质量，进度服从实效，梯次推进，求好不求快。

例如，在茂名乡村振兴示范带"精彩100里"茂南先行段总体规划中，结合当地党群服务中心、烧酒革命历史纪念馆、篮球场、党建文化长廊、国学文化长廊等配套建筑，共同组建成红色党建公园；与革命烈士纪念碑、烧酒古井及酒坊文化展示区、烧酒起义旧址碑亭、烧酒乡道特色墙绘等共同形成茂南特色红色景点，创立茂南特色红色打卡点，弘扬红色文化。

茂名高州
"甜美果海"
乡村振兴示范带

（3）坚持主题鲜明，突出乡土特色

按照"一带一主题"要求，立足当地资源禀赋、特色文化和产业特点，统筹开展示范带规划，提炼特色鲜明、体现乡村韵味的示范带主题，明确定位，提倡因地制宜、各具特色，避免同质化，并严格按照示范带主题开展项目策划、方案设计和建设施工。

例如，在连南瑶族自治县乡村振兴示范带总体规划中，其目标定位和主题愿景都践行了这条原则。作为国家重点生态功能区，连南深入践行"两山"理念，擦亮生态品牌，筑牢粤北生态屏障，为百里瑶山高质量发展培育了新的引擎。连南是广东少数民族人口最多的自治县，也是全国唯一的排瑶聚居地，瑶族文化最为浓郁。连南已形成食用菌、茶叶、稻田鱼三大特色产业，成功创建两个省级现代农业产业园，推进"广清万亩茶园"以及粤港澳大湾区"菜篮子"基地、省级"菜篮子"基地各1个，并且有6个省级"一村一品、一镇一业"专业村。基于连南生态（连南绿水青山）、文化（瑶乡特色文化）以及产业（优质生态产业）三大比较优势，连南乡村振兴示范带将其目标定位为广东省乡村振兴示范带实践典范、"两山"理论实践的创新代表、大湾区优质生态产品输出答卷、瑶族风情旅游目的地、民族地区推动共同富裕先行地。连南力图精心打造一条贯穿县域、民族特色鲜明的"瑶山那抹红"乡村振兴示范带，

领航
解码广东乡村振兴示范带

其中"瑶"即瑶族,"山"对应连南的绿水青山,"红"象征着连南传承红色基因、赓续红色血脉、永远跟党走的坚定信念。

在派潭镇新乡村示范带总体规划中,规划依托派潭镇优越的山水生态基地、丰厚的历史人文底蕴及富饶的乡村物产资源,加强美丽乡村和全域旅游建设,融合发展智慧康养、现代农业文创产业,完善配套服务设施,打造粤港澳大湾区的生态宜居美地。规划将派潭镇乡村振兴示范带的目标定位为全国山水生态文化旅游示范区、粤港澳城乡融合产业协同先行区、广大美丽经济乡村振兴样板区,主题为"吾乡派潭",包括白水仙瀑示范带、灵山秀水示范带、凤凰秘境示范带、吾乡派潭示范带和大田元语示范带。

派潭乡村振兴示范带主题定位

东莞市"莞邑拾光"乡村振兴示范带立足各镇村地理、人文、产业等资源禀赋差异,一体谋划、全域推进,打造具有东莞特色的十大主题线路。一是以资源禀赋打底色,绘就全域发展"规划图"。充分展现横向半山半水、纵向高低分明的地域特色,充分契合市委、市政府以中心城区、松山湖科学城、滨海湾新区构建的"三心六片"城市空间格局,深入传承片区历史文化并注重导入各类景观建设。二是以精品项目增亮色,绘就宜居宜业"实景图"。规划引领打造"三江六岸",建设"三生"融合项目标杆;用活资源打造"古梅乡

东莞市"莞邑拾光"乡村振兴示范带示意图（来源：东莞市农业农村局）

韵"，夯实"和美水乡"示范本底；产城结合打造"荔乡红韵"，推动农工文旅有机融合。三是以政策措施提成色，绘就资源合力"能量图"。强化资金保障，撬动社会资本，创新筹措模式，强化用地保障，强化基础支撑，产业带动，文化联动。

　　在连州市乡村振兴示范带总体规划中，规划依托连州资源条件和乡村振兴建设成果，重点突出古邑文化底蕴，打造以"古邑连蹊"为主题，集生态观光、农业采摘、历史古迹、红色教育、参观研学、瑶乡风情等功能为一体的连州市乡村振兴示范带。"古邑"指拥有历史人文底蕴的连州；"连"既指连州市，也对应本次规划串点连线、连线成片，把独具特色的示范点连成线，打造连州特色示范带；"蹊"即道路，内蕴连州市的粤北秦汉古道，将古道资源创造性地转化为连州市乡村振兴示范带。规划将连州市乡村振兴示范带的总体目标定位为湾区优质古邑文化体验典范明珠、广东省"以道兴村"实践代表、清远市乡村振兴示范带先行样板。

领航
解码广东乡村振兴示范带

连州市乡村振兴示范带实景

（4）坚持政府引导，突出农民主体

乡村振兴示范带的建设，首先强调政府引导，而非政府主导；其次，突出农民主体。坚持农民主体地位是全面实施乡村振兴战略的一项基本原则。农村要发展，根本要依靠亿万农民。要坚持不懈推进农村改革和制度创新，充分发挥亿万农民主体作用和首创精神，不断解放和发展农村社会生产力，激发农村发展活力。

建设乡村振兴示范带必须发挥政府规划引导、政策支持、组织保障作用。体现乡村为农民而兴，尊重农民意愿，广泛依靠农民、教育引导农民、组织发动农民，不搞大包大揽。鼓励社会力量积极参与，构建政府、市场主体、村集体、村民等多方共建共管格局。

完善乡村振兴的组织领导体系，成立乡村振兴工作领导小组，建立健全职责清晰的工作机制。各县（市、区）党委、政府是乡村振兴示范带建设的责任主体，建立"县领导包镇+镇领导包村+村干部包组"的工作推进机制，确保各项工作落到实处。

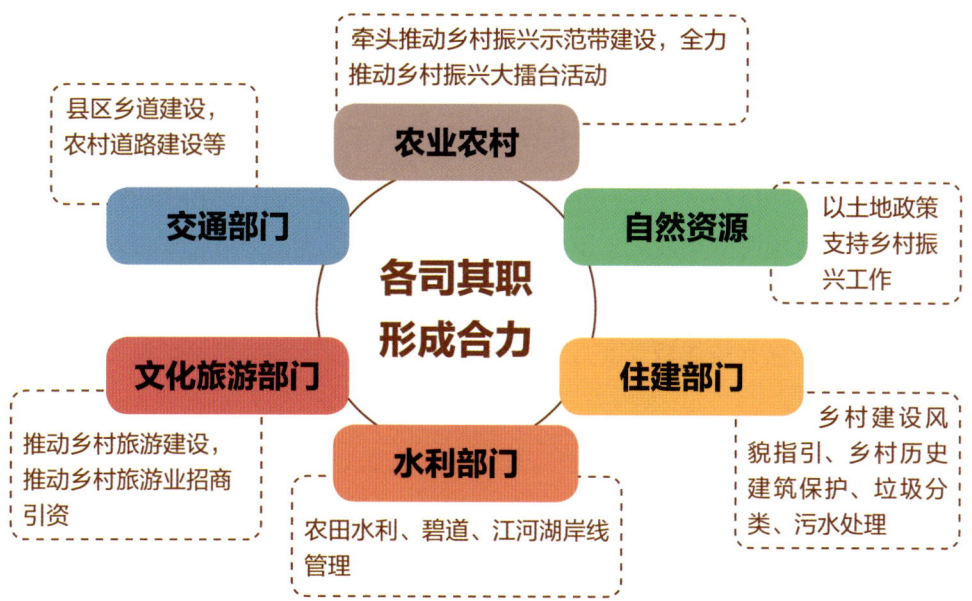

乡村振兴政府引导体系示意图

（5）坚持绿色发展，突出三生融合

以绿色发展理念引领乡村振兴，是我们党深刻把握现代化建设规律和新时代城乡变化特征得出的结论，也是通向美好生活的必由之路。习近平总书记强调："坚持人与自然和谐共生，走乡村绿色发展之路。"实施乡村振兴战略，要以"绿水青山就是金山银山"的理念为指导，在经济社会发展中保护生态环境，在保护生态环境中发展经济，坚持人与自然和谐共生，走乡村绿色发展之路，推动农业农村可持续发展。

建设乡村振兴示范带必须树立绿色低碳理念，推行绿色规划、绿色设计、绿色建设，促进资源节约循环利用。坚持农业农村联动、生产生活生态融合，推进农村生活垃圾污水源头减量、循环利用，大力发展绿色农业、休闲农业、都市农业，促进绿色消费、绿色发展。

（6）坚持建管并重，突出健全机制

在乡村振兴示范带建设过程中，必须树立"建管并重"的理念，健全各项

领航
解码广东乡村振兴示范带

机制，使乡村振兴工作步入科学化、规范化、制度化和法治化的轨道。也就是说，既要重视乡村振兴示范带的建设工作，又要注重对乡村振兴示范带各个方面的管理工作。这与过去只注重建设而轻视甚至忽视管理的乡村发展理念有很大差别。在注重乡村振兴的同时如果不将管理工作做好，往往会导致发展之后的农村反而比没有发展前更加不利于生产和生活。事实上，只有管理跟上去，乡村振兴的成果才能真正发挥效用，这与好的机器需要出色的保养是一个道理。许多乡村振兴的成功经验已经证明，"建管并重"是农村科学发展的有效途径。

乡村振兴示范带建设过程中，三分建设、七分管护，先建机制、后建工程，建管用并重，着力构建系统化、规范化、长效化政策制度和工作推进机制，保障建设项目长期运营管护，可以持续使用，防止重建轻管、重建轻用。

乡村振兴示范带建设类型

第三节　乡村振兴示范带的建设内容

乡村振兴示范带应围绕党建引领、产业兴旺、环境改善、风貌提升、乡风文明、设施完善、治理有效、运营规范八大要素进行建设，根据实际情况突出其中一个要素或者多个要素的建设成效。

一、党建引领

英德市连樟样板区，串联了连江口镇、黎溪镇、下太镇，以及包括连樟村在内的8条行政村。该示范带上的连樟村从基层党组织"软弱涣散"，到树立"党建+X"工作理念，选优配强村"两委"班子，2021年荣获"全国先进基层党组织"；从省定相对贫困村，到全部建档立卡贫困人口退出，人均可支配收入大大超过脱贫线……通过"党建引领"赋能乡村振兴加速度，成为新时代农村基层党建工作的"连樟标准"。

近年来，连樟村深入贯彻习近平总书记视察广东时的重要讲话精神，时刻牢记总书记的殷殷嘱托，感恩奋进，以强思想、强组织、强头雁和强队伍为抓手，全面加强基层党组织建设，筑牢乡村振兴坚强战斗堡垒，团结带领党员群众凝心聚力促发展，实现翻天覆地的变化。

强思想聚合力，构建党建引领"同心圆"。连樟村坚持把党的政治建设摆在首位，精心编印总书记视察连樟时的重要讲话精神简明读本和口袋书，发放党员学习工具包，运用"三法十条""十学讲话"等学习方法，推动党员持续深入学习习近平新时代中国特色社会主义思想，引导广大党员忠诚拥护"两个确立"，坚决做到"两个维护"。认真落实"第一议题""三会一课""主题

领航
解码广东乡村振兴示范带

党日"等固定学习制度，每年召开提质增效组织生活会大研讨，推动理论学习常态化制度化，最大限度画好"同心圆"、增强"认同度"。

强组织筑堡垒，锻造乡村振兴主心骨。连樟村连续3年出台《连樟村基层党组织示范建设方案》，从入户调研入手，建立起村情、党情、干情、民情"四情"台账，每年动态更新、分析研判。创新"党总支部+中心支部+直属支部"党组织设置模式，采取"4+1+N"模式开展主题党日活动，有效解决党组织分散、功能无法正常发挥等问题，党员参与组织生活的积极性大幅提升。提高村党组织贯彻民主集中制的能力，实行村级重大事项"四议两公开"，创新建立"党群议事厅"，村中大小事务均与群众共商共建，村民更加信赖和支持党组织。近年来该村的党建工作经验做法还提炼形成了《连樟村党建质量提升机制》《连樟农村党建工作实例》，在清远市全域推广。

强头雁促引领，锻造致富奔康"带头人"。连樟村注重从致富能手、外出务工经商返乡人员、本土大学毕业生、退役军人等群体中发展党员，储备后备干部力量，对标"有干劲、会干事、作风正派、办事公道"标准选优配强村党组织带头人，深入实施"头雁"工程，推行"学历提升计划"和"青苗培育"工程，不断增强"头雁"本领。实施"两委"干部能力素质提升工程，实行市县镇三级领导干部结对帮带村"两委"干部，落实"帮推引督"举措，通过邀请专家上门授课、选派村干部跟岗锻炼等方式，全面提升"两委"干部的致富奔康能力。在各级领导干部的帮助和指导下，连樟村党支部书记陆飞红于2021年6月获得"广东省先进党务工作者"称号。

强队伍提服务，打造为民服务"主力军"。连樟村围绕提高农村基层党组织服务功能，建立起"村党总支部+村民小组党支部+党小组"的三级党建网格，实施"三包三联"联系服务群众工作机制，定期组织网格员入户走访联系群众，实现了"支部连成网格、党员融进网格"的良好局面。同时实行党员分类精细化管理，推行党员设岗定责和党员评星定级，在村中组建起了党员突击队和党员志愿服务队"两支队伍"，在疫情防控、防汛救灾等急难险重任务中发挥先锋模范作用。建立党组织和党员认领办理民生实事和微实事机制，完

英德市连樟样板区"党建引领"赋能乡村振兴

成了乡村振兴号客运班车、集中饮用水工程等重大民生实事30件，村民的获得感、幸福感、满意度大大提升。

二、产业兴旺

产业振兴是乡村振兴的物质基础，乡村产业振兴，就是要形成绿色安全、优质高效的乡村产业体系，为农民持续增收提供坚实的产业支撑。产业振兴的实现路径是以农业农村资源为依托，以农民为主体，以第一、二、三产业融合发展为路径，地域特色鲜明、创新创业活跃、业态类型丰富、利益联结紧密的产业体系。

按照《广东省乡村振兴示范带建设指引（试行）》的要求，乡村振兴示范带内镇村第一、二、三产业融合发展取得明显成效，培育1~2家农业龙头企业或形成1~2个特色产业，一村一品、一镇一业形成规模，乡村旅游产业蓬勃发展，联农带农利益联结机制建立，村集体和农户持续稳定增收。

领航
解码广东乡村振兴示范带

连南瑶族自治县乡村振兴示范带建设的策略之一就是以省级园区驱动产业振兴，坚持三产融合指引，以"多维延伸产业链条、培育新产业新业态、发展乡村美丽经济"为战略，拓展区域发展格局，将示范带及周边山、水、田、园、居元素串点成线，撬动产业潜能，培育"瑶族文旅、生态旅游、现代农业、田园休闲、物流销售"五大产业集群。以产业赋能乡村振兴，加快形成富民兴村产业新格局。加快特色农业产业化、品牌化发展，统筹推进"广清万亩茶园"建设、"一村一品、一镇一业"建设、田园综合体建设等工作，有序推动大叶茶、有机稻等主导产业规模化发展。大力发展瑶族全域文化旅游，稳步推进油岭瑶寨、南岗千年瑶寨、三排古寨及八排古驿道的保护开发，景点景区提档升级。

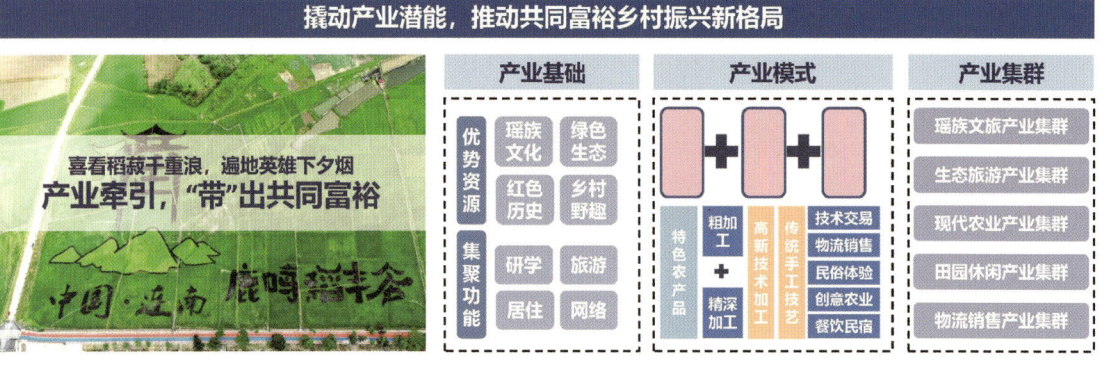

以省级园区驱动产业振兴

在汕头市"山海农耕"乡村振兴海门示范带的建设过程中，由于海门地理区位特殊，当地渔业为主要产业，因此依托现有的产业基础，进一步放大示范带的辐射功能和带动效应，以产业兴旺推动乡村振兴。大力发展与渔业相关的产业，鼓励技术研发和设备更新，促进水产养殖、加工、冷链物流等产业链条有机融合，推动渔农产品加工业高端化、集群化发展，积极引导扶持汕头市锦泰水产实业有限公司、汕头市志远水产食品有限公司等水产品加工企业技术改造，实现转型升级，促进水产品深加工附加值大幅度提高，其中汕头市锦泰水产实业有限公司出口额名列全区前茅；同时充分利用外四片区有限的土地，大力发展畜牧、种植和水产养殖，着力推动省级菜篮子基地——集泰蔬菜种养基地、国家级重点农业龙头企业——德兴养猪实验基地、省级鲍鱼良种场——南弘海珍养殖场的发展壮大，打造新地、坑尾、湖边、竞海特色农业生产基地，发展生态农业产业，实现第一、二、三产业融合发展，拓宽农民增收渠道。全年粮食总产量9 878吨、蔬菜总产量3.785万吨。

在惠州市博罗县乡村振兴示范带的建设过程中，博罗加快构建现代农业产业体系，推动全县农业龙头企业发展壮大至79家，县级以上龙头企业经营收入共43.2亿元。省级南药产业园、市级茶叶产业园建设稳步推进，丝苗米产业园和蔬菜产业园成功申报省级产业园，使该县成为全省唯一一个同年成功申报两个产业园的县。柏塘镇山茶、福田镇菜心、湖镇镇柑橘等国家级、省级"一镇一业"品牌的产业链条不断延伸，规模效应持续增强，乌坭湖村三黄胡须鸡产业年产值达5亿元，被评为全国乡村特色产业亿元村。全速推进粤港澳大湾区绿色农产品生产供应基地建设，一期首批集配交易中心引进企业30家，生鲜果蔬出口累计2.6万余吨，产值7.2亿元。

三、环境改善

进一步学习好、贯彻好、落实好党的二十大精神，学习好、贯彻好、落实好省委、省政府对持续改善提升农村人居环境的决策部署。《广东省农村人居环境整治提升五年行动实施方案》（以下简称《实施方案》）要求，要提升思想认识，切实增强持续改善农村人居环境等紧迫感和责任感；要持续巩固提升人居环境基础整治成果，扎实推进农村厕所革命，加快推进农村生活污水治理，全面提升农村生活垃圾治理水平，加快推动村容村貌整体提升，统筹推动农村人居环境整治提升工作；要完善组织领导、政策保障、科技支撑、宣传发动等工作推动机制，确保农村人居环境整治提升取得扎实成效，为建设宜居宜业和美乡村提供重要能力支撑。

领航
解码广东乡村振兴示范带

近年来，云浮市罗平镇加快人居环境"塑形"，建设乡村振兴示范带，打造美丽镇村。罗平镇始终坚持生态优先、绿色发展，聚焦面上整治，持续推进农村人居环境提质。全镇共拆除危旧房、废弃猪牛栏及露天厕所茅房共6 732间、40多万平方米，新建或改建公厕37座，完成标准化农村公厕建设10座，无害化卫生户厕普及率达100%；建成一座规模为日处理污水1 000吨的生活污水处理厂，新建或改造排污渠8 000多米，全镇饮用水水源地水质达标率保持100%，基本实现集中供水和雨污分流；扎实开展农村生活垃圾处理工作，组建保洁员队伍，设置新型垃圾分类桶，全面落实生活垃圾保洁收费制度，建立完善农村垃圾治理长效机制。

云浮市郁南县通过大力实施乡村建设行动，全面巩固农村人居环境整治三年行动攻坚成果，接续推进农村人居环境整治提升五年行动，有序推进垃圾、污水、厕所三大革命，深入实施"四小园"建设、农房管控和乡村风貌提升等各项工作，进一步深化"千村示范、万村整治"工程，全面建设生态宜居美丽乡村。全县纳入统计城乡环境整治创建工作的自然村1 325个，"三清三拆三整治"完成率达100%，村庄保洁覆盖实现率100%，无害化卫生户厕普及率99.6%，打造了一条贯穿平台镇、桂圩镇、建城镇和宝珠镇的美丽乡村示范带。

肇庆市封开县都平镇在省际廊道美丽乡村示范带建设过程中，召开农村人居环境整治专题会，制定全域整治工作清单，挂牌销号，全面清理乱堆乱放、杂草杂物，全面整治村庄生活污水及推动厕所革命，全面整治提升村容村貌，打好农村人居环境整治攻坚战。由各驻村班子和青年干部因地施策制定农村改厕、农村污水治理、乡村清洁及垃圾清运、美丽庭院建设4个专项行动。2022年5月以来，都平镇已启动56条自然村农村人居环境补短板项目，办好各类民生微实事807件，实现村道硬底化13千米，铺设污水管道20.7千米，清拆破旧危房117间，推动近百个小菜园、小果园、小花园、小公园的"四小园"改造。

肇庆市封开县环境改善成效

四、风貌提升

以"五美"专项行动为抓手,以农房风貌提升为核心,结合万里碧道、"四好农村路"、中小河流整治等,连线成片提升乡村风貌,实现示范带内见山见水见风景。

梅州市梅县区在乡村振兴示范带的建设过程中,深入实施"千村示范、万村整治"工程,聚焦天际线、地平线、水岸线"三线",以"精致规划、精美打造、精细管理"抓好农房风貌管控提升、道路两侧环境提升、河道整治提升等工作,全面打造生态宜居、美丽宜游的乡村振兴示范带。一是注重基础整治。全面开展村庄环境整治和农村厕所革命,沿线所有村庄完成"三清三拆三整治"达到干净整洁标准,农村无害化卫生厕所全面普及。二是统筹协调推进。按照精品示范、串点成线、整体推进的思路,推进乡村风貌示范带、美丽圩镇、万里碧道和"三江四线"生态景观廊道建设,多维度、多层次提升乡村

领航
解码广东乡村振兴示范带

"千村示范、万村整治"工程

| 基础整治 | 统筹协调 | 培育美丽"细胞" |

- 村庄环境整治
- 农村厕所革命
- 三清三拆整治
- 农村无害化卫生厕所
- 乡村风貌带建设
- 美丽圩镇建设
- 万里碧道建设
- 三江四线景观廊道建设
- 四小园建设
- 美丽庭院建设

"千村示范、万村整治"工程重点内容

风貌。三是培育美丽"细胞"。充分发挥妇联组织和农村妇女同志的作用，通过培育示范户，突出示范效应，利用房前屋后拆后空地和庭院环境创建"四小园"和"美丽庭院"，提升乡村人居环境水平。

东莞市道滘镇乡村振兴示范带具有典型的水乡特色：一河两岸、临水街道、小桥流水、小巷通衢，民居建筑肌理结构呈耙齿状。拥有河岸空间，包括

东莞市道滘镇乡村振兴示范带的蔡白湿地公园（来源：道滘镇人民政府）

水埠头、渡口、闸口码头、龙舟；还拥有桥梁景观，包括二十四桥萦济川，可水边树下乘凉听戏；还有水上空间，包括游泳之乡，其水质良好，两岸亲水空间与景观相得益彰。示范带风貌提升以岭南特色的水乡基底聚合与水息息相关的农事、饮食、居民与民俗活动，重点围绕渡口、桥梁、龙舟台、生态岸线、沿河空间、建筑、街道改造、沿河树下空间、水埠头公共空间、河岸公共休憩环境，以多元"滘"文化主题景区展现岭南特色人水和谐的丰富生活图景。

五、乡风文明

坚持以社会主义核心价值观为引领，以传承发展优秀传统文化为核心，加强农村思想文化阵地建设，建设新时代文明实践所（站），开展各类新时代文明实践活动。传承和弘扬历史文化，培育特色文化品牌。开展丰富多彩的群众性文体活动，引导老百姓形成崇善向上、勤劳致富、邻里和睦、尊老爱幼、诚信友善的文明乡风。

近年来，海丰县大力打造汕尾市海丰县乡村振兴示范带，其中，深入推进移风易俗，努力实现"乡风文明"是重要建设内容，主要包括四个任务。一是筑牢思想阵地。高标准建设新时代文明实践所、文化礼堂和村史馆，打造集历史传承、文明宣传、思想洗礼、民俗文化熏陶、文艺活动演出为一体的多功能思想宣传阵地群。二是倡导移风易俗。通过签订村规民约、亮相红黑榜等方式，倡导鼓励喜事新办、丧事简办、厚葬薄养等新风尚，持续推进移风易俗，营造乡村良好新风尚。三是保护乡村文明。修缮保护传统民居院落、古建筑9座，传承保护利用西秦戏、白字戏等非物质文化遗产，激发乡村民俗文化新魅力。四是凝聚乡村活力。完善扩大党群服务中心、茶韵广场、3D灯光秀水池等活动阵地，组织开展党群活动30余场，吸引各地参加人员成千上万、络绎不绝，促进乡村焕发更多活力。

广州市花都区以建设"全市、全省乃至全国具有影响力的示范带"的思路，高规格组织、高水平谋划、高标准建设花都"花漾年华"乡村振兴示范

领航
解码广东乡村振兴示范带

洪熙官纪念馆

带。在乡风文明建设方面,深入开展"文明村"创建,深挖古村民俗、故居遗址等资源,建成洪熙官纪念馆,开展洪熙官武术文化节等民俗活动;竹洞村获评广东省文明村。在倾力提升公共服务水平方面,为让更多市民享受"花漾年华"乡村振兴示范带建设的成果,印制了线路导览图、开通了公交专线,沿线打造了5个精品驿站,精准呈现示范带的景点、美食、特产、民宿等,游客络绎不绝。

乡风文明"和声"也是梅州市梅江区乡村振兴示范带建设的一大亮点,主要措施有3点:一是坚定传承红色文化。对扎上村唐润元烈士故居周边进行修复提升,挂牌红色革命教育基地,烈士故居成为城北镇党校教学点和实践基地;同时深入挖掘南粤古驿道资源,修复玉水"红军路",深入开展党史学习教育,传承红色基因。二是坚持弘扬农村优秀传统文化。推进扎上、玉水村史馆建设,挖掘展现乡土文化和民俗风情,开展端午、中秋主题活动以及家风家训学习等活动,举办南瓜节、桐花节等节庆活动,弘扬客家传统文化和中华农耕文化。三是深入倡导文明乡风。建成三支文艺队伍,通过举办文艺交流活动、最美儿媳、最美家庭等评比活动，宣传社会正义，弘扬中华传统美德，引导村民向好向善，同时依托新时代文明实践站，开展宣传宣讲、主流价值培育、移风易俗等主题活动，增进村民爱党爱国情感，唱响乡村文明。2021年，扎上村获评梅州市"百佳乡风文明村"。

六、设施完善

持续推进城乡设施建设一体化发展，推动水、电、路、医疗、物流等基础设施和公共服务向村庄延伸。统筹建设乡村旅游设施，实施数字乡村建设行动，开展数字乡村示范试点建设。一是实施乡村基础设施提升工程，完善水、电、路、气、通信、广播电视、物流等基础设施。同时，加强乡村清洁能源和防灾减灾建设。二是提升村级综合服务能力。包括行政服务、农村教育、社会保障、医疗卫生、供销、农技推广、法律等，基本实现城乡基本公共服务均等化。三是建设乡村旅游服务设施，包括民宿、农家乐、展示馆、体验馆、旅游导览标识系统、停车场、旅游公厕等。四是开展数字乡村建设，包括推进行政村5G网络建设、20户以上自然村光纤网络和4G网络深度覆盖等。

示范带沿线基础服务设施建设和公共服务设施建设是惠州市惠东县乡村振兴示范带建设的重要任务。在建设过程中，主要围绕社区双下村美丽廊道建设行动，按照"四好农村路"标准完善双下村环村道路新建及升级改造、停车场等建设，衔接924美丽乡道，联系圩镇与横江村，构建旅游路网微循环。落实横江村第二主干道沥青路面改造（"白改黑"）。将横江村与横江村扶圳温泉片区连接起来。围绕特色精品旅游线路打造目标，重点建设专线内的双下村特色精品村，同时对沿线建设基础较好的自然村、自然景观节点等区域配套服务设施，丰富产业业态，提升环境品质。建设双下村苏联专家楼周边景观及滨江古树公园、白马河上游段河心岛、白马河横江段绿道及周边环境整治及"四小园"项目。

罗平镇以"长岗坡+"引领乡村振兴示范带建设，完成对大东路、人民

领航
解码广东乡村振兴示范带

东莞市道滘镇乡村振兴示范带"水乡文化精华段"码头与亲水平台效果图

路、农贸路、建设路等道路的升级改造，新建成1.5千米环镇北路；完成23条共计16千米"农村四好公路"建设，改造修建桥梁2座；推动双莲、竹围、山田、古莲冲等村的村道拓宽工程约28千米；进行路网升级改造，完成道路交通安全隐患整改80多处；全力推进云茂高速建成通车，罗平镇辖区内的2个高速出入口为往返市区和珠三角各大城市提供了极大的便利。加快圩镇品位提升。打造了具有长岗坡特色的"农贸一条街"和处处散发复古风情的百年老街；完成了3 600米的人行道街砖铺砌，圩镇主道两侧安装太阳能街灯等，以此加快完善基础设施。

东莞市道滘镇乡村振兴示范带"水乡文化精华段"，结合乡村旅游发展需求，围绕设施完善重点谋划了"五桥十景"重点项目，"五桥"主要包括闸口小桥、兴隆桥、南城桥、三桥合一（临时命名）、虹桥等桥梁设施；"十景"主要包括六一怀古、水口广场、河湾听音、济川善堂、街心花园、耕读学园、榕荫广场、神仙竹畔、巍焕夕照、粤韵虹桥等文化设施，打造多个文化内涵、使用功能与景观风貌并重的节点空间。

七、治理有效

加强农村基层党组织对农村各类组织的统一领导，村党组织全面领导村各项工作。进一步发挥基层党员的先锋模范作用，夯实党的群众基础。深化农村三治结合实践，提升基层治理效能。深入推进平安乡村建设，健全农村公共安全体系。鼓励乡村发展新型集体经济，壮大集体经济。建立健全乡村示范带长效管护机制，提高村镇公共服务、公共管理、公共安全水平，完善农村公共事务监督体系，构建共建共治共享的乡村治理格局。

茂名高州"大唐荔乡、甜美果海"乡村振兴示范带上的根子镇元坝村，长期坚持以"乡村治理"推动乡村振兴，2021年被评为第二批全国乡村治理示范村。该村以党建助力乡村振兴，推动农文旅产业融合发展，已建成3千米的岭南乡村振兴示范带，拥有书房古荔园、红荔胜境、水墨桥头、同心公园、农民博物馆等众多乡村旅游网红打卡点，常态化开展"环境卫生整治行动"，在文明乡风建设、法治乡村建设、平安乡村建设等方面积累了先进经验，取得了良好成绩，走出一条基层自治的新路子，不断加油赋能乡村振兴发展"新引擎"。

茂名高州根子镇元坝村以基层治理推动乡村振兴

领航
解码广东乡村振兴示范带

在"山海农耕"乡村振兴海门示范带的建设过程中,海门镇以推进党建引领基层治理提质增效行动为抓手,通过构建农村基层党组织领导自治、法治、德治相结合的现代化治理体系,打造共建共治共享的乡村治理新格局。各村(社区)以法治强保障,扎实开展形式多样的普法宣传活动,坚持把普法教育融入乡村,以自治筑堡垒,建立健全规章制度,修订完善村规民约,以德治聚民心,健全新时代文明实践所。

八、运营规范

汕尾市陆丰市"滨海走廊"乡村振兴示范带规划范围覆盖2个乡镇,沿线包含16个村(居)共计36个自然村,全线长约43千米,覆盖面积达到100平方千米。该示范带主要以国家乡村振兴战略为引导,依托项目地的区位条件、自然环境、文旅资源和农业产业基础,以建设精品乡村旅游示范带为目标,通过"点—线—面"协调推进、"城—村—景"全域统筹,将示范带打造成为集农业休闲、生态宜居、文化体验、乡村旅游、滨海康养等于一体,汕尾市乃至全省可参观、可推广、可复制、可持续发展的乡村振兴综合体和汕尾市美丽滨海廊道样板区、汕尾市两山理论践行示范带、广东省"四好农村路"建设样板工程。

该示范带尤其注重高效率做活运营,具体做法如下:

一是注重培育发展新动能。坚持以大旅游对接大市场,研究出台民宿产业扶持政策,在2021年举办的首届民宿招商大会中,有21个项目超400亿元投资落户"滨海走廊"示范带,目前已供地9家。通过擂台赛创新招商渠道,吸引广州艾米科技、云峰生态文化等17家企业达成投资意向。聚焦运营难题,在示范带沿线规划建设乡村振兴驿站和10个加油站等系列配套措施,打通沿途"财路"。同年"五一""十一"期间,"滨海走廊"示范带日均接待游客上万人,带动当地增收近千万元,村民、商户纷纷吃上了"旅游饭"。

二是用好改革"关键一招"。盘活资源要素开展联农助农,积极引导农户将撂荒地外包流转，2022年以来新增土地流转面积1.28万亩（1亩＝0.0667公顷，亩为非法定计量单位），累计流转达32.5万亩，流转率50%。成功实施"股票田"试点，发动农户"以田易股""以地易股"，共整合"股票田"1 836亩，每年创收超30万元；探索推进"股票宅"改革，将两个空心村打造成"文创+民宿"；积极探索"农村土地银行"试点，鼓励农民将承包地经营权存入"土地银行"，收取存入利息，有效促进农业规模化、集约化经营。

三是深入实施农民增收工程。建设家政超市、"南粤家政"培训示范基地，建立2个镇级电商服务站和51个村级电商服务点，带动电商就业300人，拓宽农产品销售渠道。

汕尾市陆丰市"滨海走廊"乡村振兴示范带实景

第四节　乡村振兴示范带的建设方法

一、市、县、镇、村联动开展示范带创建工作

树立"全域一盘棋"理念，按照"一带一主题、一村一特色"的原则，发挥红色文化、少数民族文化、绿色文化、田园风光、特色产业、地域文化等优势，串联红色村、历史文化名村，以及产业基地、农庄、农家乐、文化遗产、农业园区、景区村庄等精致盆景，打造集农业产业、乡村漫游、农旅观光、文化体验等为一体的美丽乡村风貌带。每县区规划统筹1~2条美丽乡村风貌带，推动全域美丽、镇村全面振兴。加强市、县、镇、村联动，通过上下联动丰富并形成"四级联动"的成果体系。

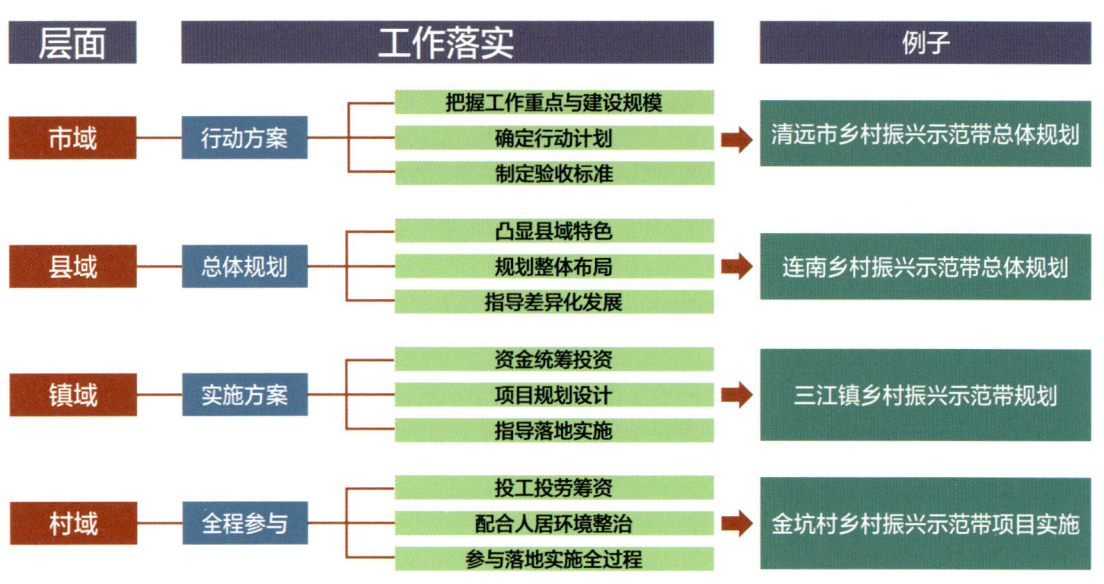

"四级联动"的成果体系

二、合理选线、有序推动

乡村振兴示范带选线要考虑空间上连线成片,串村联镇跨县;产业上具有产业基础、产业特色,产业集聚;生态上环境本底良好、山水林田湖草要素丰富;文化上串联历史文化名村、传统村落,挖掘乡土文化、民俗风情。有序推动乡村振兴示范带建设,需靠四步实现全域振兴:第一步,打好基础,创建美丽乡村风貌带。通过九大攻坚行动完成农村厕所革命、生活垃圾和污水治理、农房外立面整治等,达到最基本的干净整洁、风貌有序,打牢示范带建设"底板"。第二步,发挥叠加效应,创建美丽乡村精品带。与美丽经济发展有机融合,与万里碧道、南粤古驿道、"四好农村路"、现代农业产业园、传统村落保护、乡村旅游精品线路等工作相结合。第三步,创建乡村振兴示范带。全方位推进乡村发展、乡村建设、乡村治理重点工作,实现产业发展、乡村治理、乡风文明、乡村风貌、党建引领等全方位提升。第四步,全域振兴。全面振兴、全民共富。

乡村振兴示范带有序推动

三、衔接"三道"、人居环境和美丽乡村建设等工作

乡村振兴示范带建设过程中，应避免重复建设，将万里碧道、南粤古驿道、绿道、"四好农村路"、现代农业产业园、传统村落保护、乡村旅游精品线路等工作相结合，建设美丽乡村精品带，推动沿线20%左右村庄成为有亮点的特色精品村，其他村庄成为美丽宜居村，农村人居环境和乡村风貌显著提升。

"三道"+"四好农村路"	农村人居环境建设	美丽乡村+美丽圩镇
■ 其他线口工作衔接： · 南粤古驿道 · 万里碧道 · 绿道 · "四好农村路" ……	■ 九大攻坚行动： · 厕所革命，道路建设，乡村污水治理 · 公共服务补短板 · 农房管控 ……	■ 镇村同美： · 风貌提升 · 乡村风貌带 · 乡村精品线路 · 特色精品村 ……

衔接各项工作要点

四、完善土地、资金和人才保障

乡村振兴，离不开资金、土地和人才。土地、资金、人才是乡村振兴示范带建设的重要保障，必须完善土地、资金和人才等方面的保障机制。土地方面，盘活农村存量建设用地，点状供地等；资金方面，充分利用专项债、一般债+社会资本下乡+国企资金，建立农村产权制度，促进要素市场化；人才方面，建立"带长制"（领导干部）+驻镇帮扶机制，发挥群众主体作用，大力吸引、培养专业人才（成立技术联盟等）。

乡村振兴的根本路径在于城乡融合，建议在佛山南海、国家城乡融合发展试验区广清接合片区和其他省级试验区开展相关政策机制探索。城乡融合的核心在于解决城乡要素流动的问题，示范带建设面临的困难也在于土地、资金、人才等要素。为整合市场力量，打通人才下乡、资金下乡、消费人群下乡，还需从城乡融合的角度去解决问题，因此，必须建立分类试点示范要素的保障机制。

城乡要素流动

五、用好乡村建设用地支持相关政策

根据2020年中央一号文件《中共中央 国务院关于抓好"三农"领域重点工作确保如期实现全面小康的意见》要求，做好村庄规划工作。新编县级国土空间规划安排不少于10%的建设用地指标，重点保障乡村产业发展用地。省级制订土地利用年度计划时，应安排至少5%的新增建设用地指标保障乡村重点产业和项目用地。分析计算各类农村建设用地的可内部腾挪规模及新增规模需求，推算农村建设用地实际需新增规模总量，待省下达建设用地规模后按需预留规模。

建设乡村振兴示范带是实现农村现代化的重要途径，是推动城乡融合发展、发展县域经济的重要平台。乡村振兴示范带的建设要以产业兴旺、生态宜居、乡风文明、治理有效、生活富裕为目标，以改善环境为基础，以提升风貌为标志，以发展产业为核心，以特色文化为内涵，以乡村运营为关键，以农民增收为目的，在整合优势资源、发挥集聚效应、推动县域经济、实现共同富裕等方面发挥示范引领带动作用。

从纵向角度分析，强调从规划、设计到实施一体化建设。为应对市场化、专业化的更高需求，催生了"规划设计施工运营一体化"的全过程服务方式，它是推进乡村全面振兴、实现乡村建设水平快速提升的重要方式、方法之一。一方面，以项目实施落地为目标，从点、线、面构建格局与角度出发，形成和建设项目库，为后续全局、有序推进项目建设与运营提供基础；另一方面，构建项目库有助于整合多方资源，实现不同团体参与项目的共享共建，保障项目落地。该模式总体上延伸了传统规划体系的广度和深度，更提高了规划设计的

第三章
如何建设乡村振兴示范带？

实施性和可操作性。

从横向角度来看，强调对乡村振兴示范带的全域全要素统筹。示范带从全域出发，系统推进山水林田湖草和路桥、水利等设施整治提升，结合精品线路、休闲农业、精品民宿、农家乐等形成兼具生产性和观赏性的沿线连片美丽乡村风貌带。规划与建设内容聚焦农房风貌、"四小园"、路径、标识系统、旅游配套服务设施和乡土植物景观等多个板块。通过对这些重点板块的进一步建设，实现以点带线、以线成面地影响乡村的整体发展与振兴。本章依据乡村振兴示范带建设任务与要求，分解具体工作，构建全要素的技术模块，并以此提出相关建设指引，实现从规划、设计到施工的全流程指导。

第一节　整体流程：闭环管理，有序推进

如何建设乡村振兴示范带？应当充分了解乡村振兴示范带建设的工作流程，在技术流程上强化规划、设计、建设的全流程管控及监督；在工作组织上，要实现项目从谋划-实施方案制订-项目可行性研究报告-项目立项-初步设计、概算-施工建设-验收考核等全流程的闭环，整体强化项目落地实施的成效与责任。在项目前期，强化规划引领作用，以县级为基本单元做好示范带建设的顶层设计，整合资源，统筹好全县（市、区）示范带建设项目谋划及储备工作，提出整体创建主题及目标，做好示范带选线及空间布局，明确分阶段建设任务，落实保障机制；在实施方案编制阶段，以落地实施为导向，统筹时间、

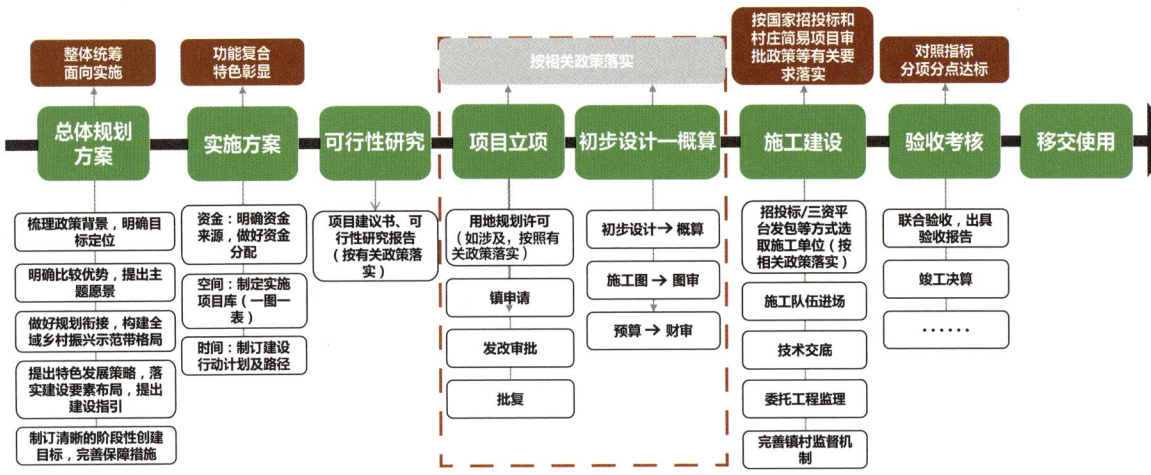

乡村振兴示范带建设流程示意图

资金、项目等三大要素，明确实施主体，形成"一图一表"，以指导下一阶段各项工作组织开展；在可行性研究、立项及施工阶段，按照招标投标法及其实施条例、政府采购法及其实施条例及国家、省出台的有关村庄建设项目施行的简易审批等有关规定执行，在施工过程中要充分发挥好村民、村理事会及专家的监督作用，一方面确保"设计不走偏，施工不走样"，另一方面确保保持乡土风貌；强化验收组织及考核监督工作，严格控制工程质量，提高资金使用效率，保证乡村振兴示范带创建绩效。

一、规划先行：面向实施、全局谋划

坚持立足长远、科学谋划、全域统筹、一张蓝图干到底的规划理念，按照"镇村一体、以镇带村、以村促镇、村镇共享、融合发展"的总体思路，从全域乡村振兴格局出发，全域统筹，面向实施，上下联动，构建市、县、镇、村四级规划落实体系。

一是市域层面编制乡村振兴示范带总体规划。明确创建主题与目标，为区县提供创建指引，制定行动计划与验收标准，强化政策指导及要素保障。

二是县域层面编制乡村振兴示范带行动方案。整合资源要素，优化全域重要项目平台及产业平台布局，做好示范带空间布局；落实好八大建设要素，做好重要空间节点及建设要素的导控，提出建设指引；示范带动，对标对表明确创建路径。

三是镇域层面编制乡村振兴示范带建设规划。聚焦"资金、空间、时间"，明确资金来源，做好资金统筹与分配；空间落实，明确建设项目库及项目布局图（即"一图一表"）；时间倒逼，面向落地行动，分阶段制订建设实施计划。

四是村域层面落实乡村振兴示范带建设项目，结合近远期项目库，参与项

领航
解码广东乡村振兴示范带

目建设实施落地的全过程，包括配合全域人居环境整治、投工投劳参与具体建设项目等。

总体而言，在技术内容上，以摸家底、亮优势，定主题、树目标，重传导、布空间，定路径、落要素，订计划、强支撑的路径方式，充分立足资源优势，因地制宜、因地施策，以点带线、以线串面，切实打造特色鲜明、业态丰富、亮点突出、联农带农明显的乡村振兴示范带，使其成为地方乡村振兴蓝图的重要展示手段和县域经济发展的重要推动力。

（1）摸家底、亮优势

乡村的发展与振兴本质上是以资源为导向的。摸清家底，即发掘可利用的乡村资源和未利用的乡村资源，重点对生态优势、区位交通、产业经济、历史人文、土地资源、基础设施、特色品牌等要素进行乡村资源优势分析评估，发现其价值，进一步擦亮地域特色。

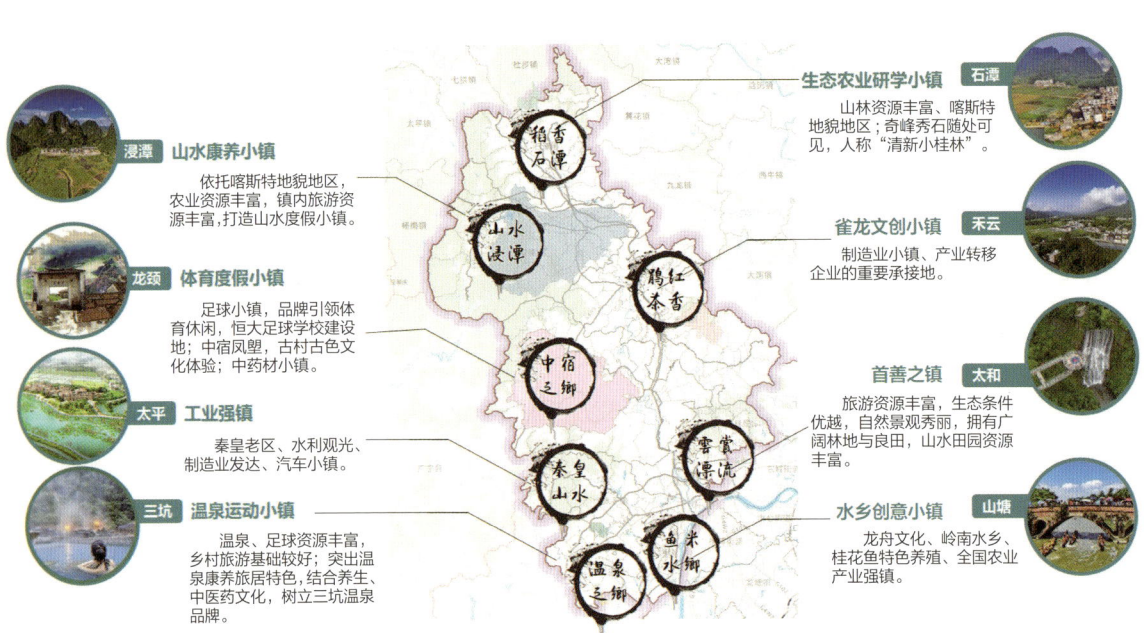

清远市清新区乡村振兴示范带现状资源特色

◆ 第三章　如何建设乡村振兴示范带？

肇庆市封开县大洲镇东畔村（来源：大洲镇人民政府）

（2）定主题、树目标

立足当地资源禀赋、历史人文特色、产业特点，坚持"特色鲜明、富含蕴意"的原则，统筹开展示范带规划，提炼特色鲜明、体现乡村韵味的示范带主题。

定主题。一是要做好相关政策要求、规划背景的梳理，明确乡村振兴示范带建设的总体发展目标，以指导项目实施活动；二是要基于比较优势和发展目标，提出富有景点IP、岭南风格的主题特色，以创建广东乡村振兴品牌。

例如，清远市依托清远山水生态本底、特色地域文化、绚烂民族风情，充分挖掘"山、水、农、文、旅"资源，立足农业和文化品牌，提出积极推进"农业+"模式，促进农业与旅游、康养、文创、加工、科技等多元化、创新性产业深度融合，不断提升乡村发展内涵、经济社会生态效益，绘就乡村振兴新画卷，寻觅记忆中的乡愁，形成了"水墨丹清"的主题。

领航
解码广东乡村振兴示范带

清远市乡村振兴示范带建设主题释义

树目标。总体基于政策导向、发展规划，在强化规划衔接的基础上，从资源价值变现角度出发，明确切合自身实际的总体发展目标及路径。例如，围绕建设主题与发展目标，清远市提出"一年做试点、三年突重点、五年实现广东乡村振兴示范带新典范"的阶段性创建路径，要求构建示范村-示范带串连成珠，建成红色文化、少数民族文化、绿色文化、田园风光、特色产业、地域文化等特色乡村振兴示范带，积极探索新时代乡村振兴的"清远经验"。

（3）重传导、布空间

从全域统筹角度出发，动态衔接上位规划、专项规划及乡村建设规划等其他相关规划，并进行归纳总结，形成示范带衔接及落实的重点方向与内容。统筹"四好农村路"、万里碧道、产业发展平台及重点项目等资源要素，基于发展目标与建设主题，形成全域乡村振兴示范带空间结构、总体方案。基于辖区内各地资源特点，明确各地建设主题及特色凸显的要求。

以清远市乡村振兴总体规划为例，基于生态、人文两大特色，以道路、北江为骨架，重点结合清远市"十大行动方案""五大百亿农业产业平台"建设农业强市的重要战略,搭起了清远全域"一环两带多节点"的总体空间结构,明确了8个县(市、区)建设主题、选线指引及发展定位,总体贴切地方特色,并为地方很好地提供方向及指引。

"一环"指依托许广高速和广连高速构成的多元文化展示环,"两带"指依托北江沿线多个乡镇形成的北江经济带和依托北部三连一阳少数民族地区乡镇形成的民族风情带,"多节点"指涵盖乡村振兴五大振兴在内的景点、节点、精品旅游村、产业园、旅游驿站、文化展示园等,如连樟乡村振兴示范村、三坑温泉小镇、汤塘国际温泉文化小镇、龙塘集美云漫综合连南金坑森林小镇、九龙小镇、三排千年瑶寨、东陂地下河景区、预制菜产业园、连山黑山梯田等节点。

承接清远市乡村振兴示范带总体规划的空间布局、发展定位及建设指引,清新区在"两廊三区"空间结构基础上,基于自身资源特色,以交通干线和河流水系作为主线串联各镇示范带,以支线串联特色资源点,形成一张骨架完整的乡村振兴示范带网络。

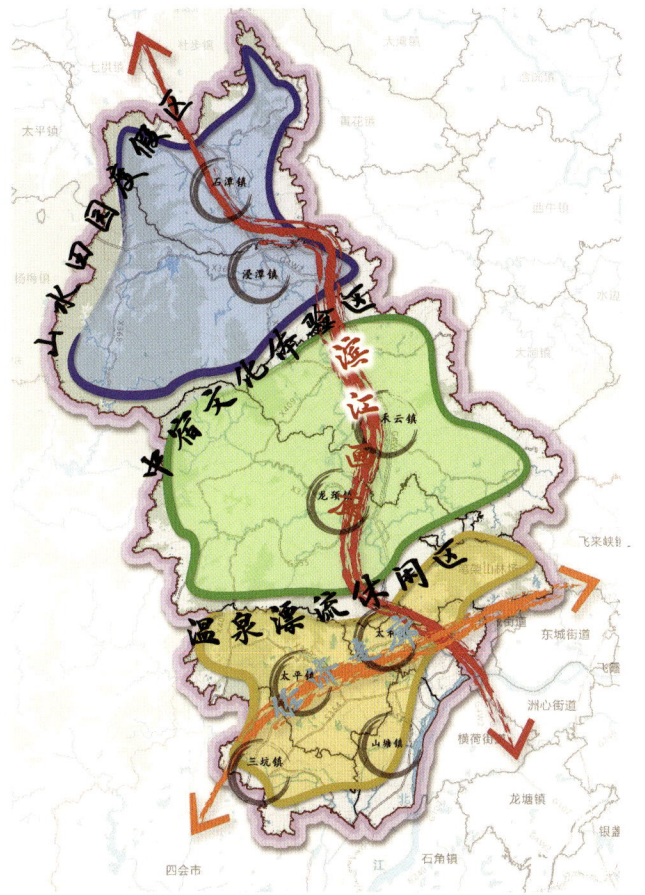

清新区乡村振兴示范带空间结构

领航
解码广东乡村振兴示范带

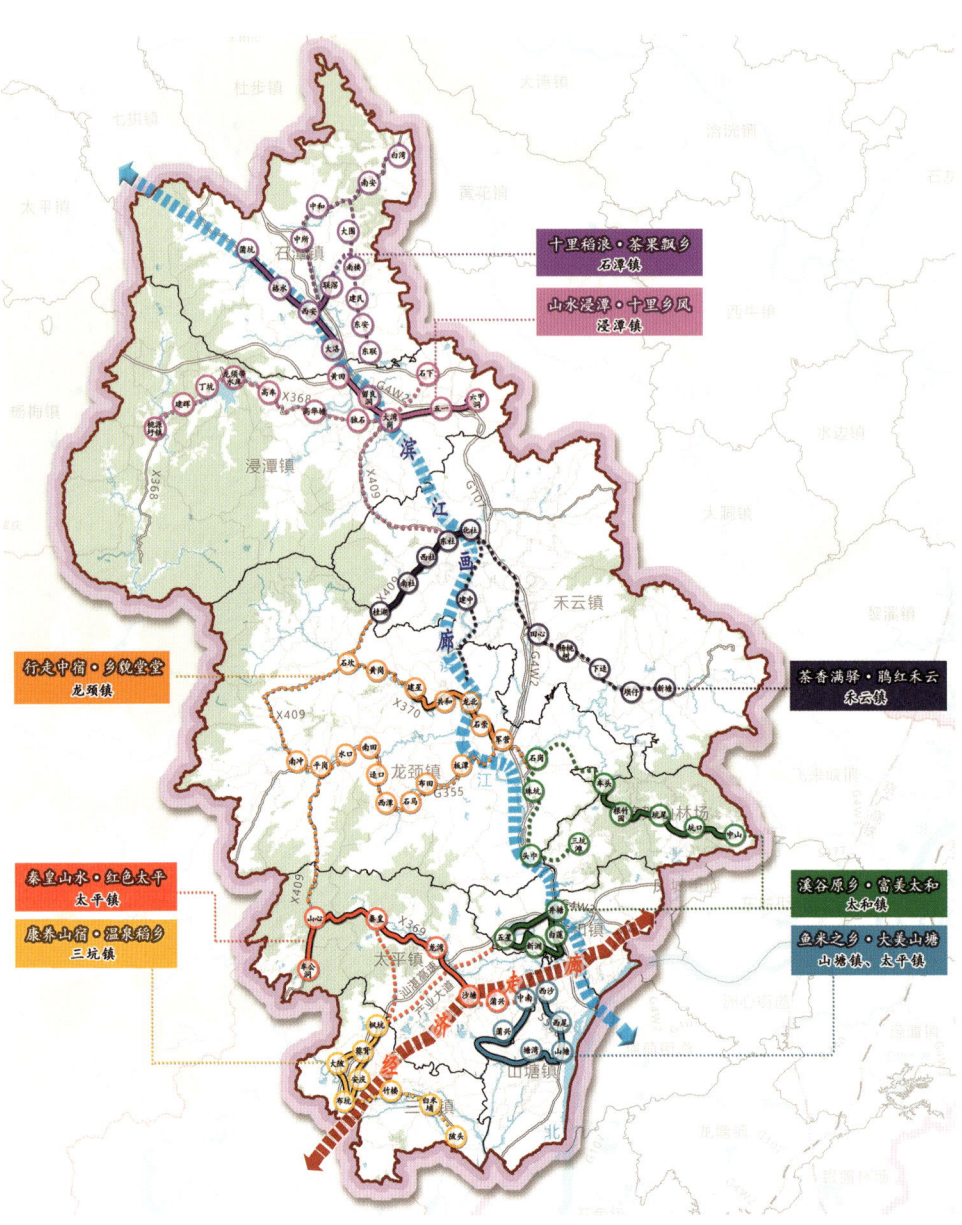

清新区乡村振兴示范带总体方案

（4）定路径、落要素

总体基于政策导向、发展规划，在强化规划衔接的基础上，围绕如何提升示范带内乡村资源价值、擦亮地区品牌，深入研究形成资源价值转化为生产力的实施路径、发展路径，打造省市级乃至全国的乡村振兴示范带新范式、新标杆。

以路径为导向提出党建引领、产业兴旺、环境改善、风貌提升、乡风文明、设施完善、治理有效、运营规范等八大建设要素的布局及内容要求，进一步推动人才、资金、信息、设施等资源要素流向农村，构建城乡基础服务设施与公共服务设施资源的共建共享体系，促进城乡融合发展，实现乡村全面振兴。

从全域统筹振兴乡村的角度出发，需总体把握并协调好各地区乡村建设发展，避免盲目随大流、大拆大建，避免出现千村一面、同质化严重等现象，还需进一步基于资源特色及比较优势，提炼各地发展主题及建设方向，重点围绕产业、风貌、文化、党建等资源打造富有特色的示范带，也为各地乡村振兴示范带发展及建设提供方向。

湛江市徐闻县乡村振兴示范带建设成效
［来源：《全省乡村振兴示范带典型案例汇编（初选版）》］

领航

解码广东乡村振兴示范带

一是重点规划打造"产业带"。深挖生态资源、产业资源等,优化产业路径,提升生态产品价值,推进生态产业化和产业生态化,拓展发展空间,因地制宜、因村施策,宜种则种、宜养则养、宜游则游、宜渔则渔,培育引领高质量发展的新经济增长点,打造富民兴村的产业带。例如,湛江市徐闻县乡村振兴示范带以湛江市菠萝优势产区产业园为依托,全面推动"菠萝的海"美丽经济发展,统筹各方力量,坚持以构建"12221"市场体系建设、扩大与RCEP成员国市场的自由贸易、对接海南自贸港等为重要抓手,以产业为驱动,以点带面,引导乡村形成兼具生产性和观赏性且地域特色鲜明的乡村振兴示范带。

二是聚力打造"乡村风貌带"。对标对表广东省乡村振兴示范带创建标准,全面铺开"示范带圩镇+行政村(示范带内串联的行政村)+沿线重要空间节点及要素"建设,具体开展以农村人居环境整治提升为核心、四大美丽廊道提升为专项行动、提升设施服务能力为驱动的总体行动方针,逐步把美丽乡村"盆景"串联成"风景"。例如,云浮市新兴县乡村振兴示范带,以"红星闪耀、富美太平"为主题,以美丽圩镇和岭南特色农村建筑风貌带(片)创建为

云浮市新兴县乡村振兴示范带象窝山度假村
[来源:《全省乡村振兴示范带典型案例汇编(初选版)》]

抓手，融合当地"南粤建筑"风格和"筑巢引凤"理念进行基础设施、景观营造、公共配套导向建设，打造凤凰湿地公园、非遗文化展示馆等特色场所，与"南粤河村""人文社圩""翰墨悦塘"等极具岭南风格的美丽乡村一起，形成乡村"各美其美，美美与共"的特有IP，进一步提升了辨识度，突出了美丽乡村景观示范带的主题风格。

三是特色化打造"乡村文化带"。深挖并提炼示范带内红色文化、民俗文化、美食文化、农耕文化、建筑文化、名人文化等资源价值，充分发挥文化资源优势，在保护历史人文资源的基础上，提炼文化元素符号，融入乡村建设及产业发展中，以"文化+"方式进一步擦亮文化品牌，讲好乡村故事，打造富有特色的文化带。例如，肇庆市封开县"贺江碧道画廊"乡村振兴示范带，依托深厚的历史人文底蕴，以突出"心在美丽，持续发展在开放包容"的理念，突出"展示历史文化传承带、共享国家战略振兴带、体验绿水青山旅游带、再现文化商旅古驿道"四大功能，将"陆道、水道、碧道、绿道、赛道、古驿道"六道融合，以路为廊、以水为链，串点连线、以线带片，系统布局示范带各项功能。同时，以"一村一景、一村一韵、一村一品"为目标，赋予各村不同功能定位和独特内涵。

肇庆市封开县大洲镇南侧利用废弃农房改造为两广源流博物馆（来源：封开县农业农村局）

领航

解码广东乡村振兴示范带

英德市连江口镇连樟样板区乡村振兴示范带鸟瞰
（来源：清远市农业农村局）

四是综合打造"党建引领"示范带。"火车跑得快，全靠车头带"。始终坚持党建引领，搭好党建治理平台，推动自治、法治、德治"三治"融合落地落实。深入推进抓党建促乡村振兴示范县、抓党建促乡村振兴示范镇村创建工作，着力构建上下贯通、执行有力的组织体系，为城乡融合发展提供坚强组织保障。例如，英德市连江口镇连樟样板区乡村振兴示范带，以建设国家城乡融合发展试验区连樟样板区为抓手，以党建引领筑牢"主心骨"，发挥党员先锋模范作用及农村基层党组织战斗堡垒作用。干部、党员带头，通过充分利用社会帮扶力量，创新推动"公司+合作社+基地"产业扶贫，构建起了第一、二、三产业融合发展项目，带领村民增收。2021年6月，示范带所辖连樟村的党总支部获评"全国先进基层党组织"。连樟村打造党建引领的乡村振兴样板，并总结、提炼形成连樟村党建质量提升"十项机制"，持续输出连樟党建示范做法和工作经验，推动沿线乡村发展、乡村建设、乡村治理不断提升，促进城乡融合发展，进而辐射带动乡村全域全面振兴。

（5）订计划、强支撑

对标对表，明确分期创建目标。 根据《广东省乡村振兴示范带建设指引（试行）》明确提出的夯实基础阶段、基本建成阶段、示范带动阶段三个阶段的创建标准，结合总体规划的建设内容，确定各阶段创建目标，形成近、中、远期行动计划，做好分期建设项目库，分阶段落实建设项目。例如，茂名

◈ 第三章 如何建设乡村振兴示范带？

茂名市"精彩100里"乡村振兴示范带总体规划建设计划
（来源：《茂名市"精彩100里"乡村振兴示范带总体建设规划》成果）

市"精彩100里"乡村振兴示范带总体规划提出了三年整体建设计划，明确了"一年见成效、第二年可运营、第三年整体投入使用"的实施路径。

因地制宜，强化要素保障。为确保规划项目的稳步推进，需要推进以下四个方面的措施。一是开展自评工作。深入研究乡村振兴示范带技术标准和导则，开展乡村振兴示范带建设自我评估，以不断赶超的精神带动乡村振兴建设。二是建立健全体制机制。强化组织领导、部门衔接及监督考核，建立一支执行力强的乡村振兴工作队伍，统筹各项工作落实、定期监督考核，推动乡村振兴工作有效落实。三是形成动态化管理机制。形成"项目审批-精准实施-要素管控-长效管控"层级传导的动态化管理过程，建立项目审批制度、分级分类差异管控、"本底""点缀"要素管控、长效实施机制相结合的实施保障机制，切实做到乡村风貌常态化管理。四是强化政策保障。要重视在政策、人才及资金等方面的保障与支持，研究制定招商引资、人才引进支持举措，在土地、生态、财税、开发投资等方面向乡村振兴示范带倾斜。五是规范运营管理。优化开发、运营、宣传模式，探索多元主体参与、多样化项目开发方式；加强示范带建前、建中、建后的宣传发动工作，广泛动员社会各界参与乡村振兴示范带建设。

领航
解码广东乡村振兴示范带

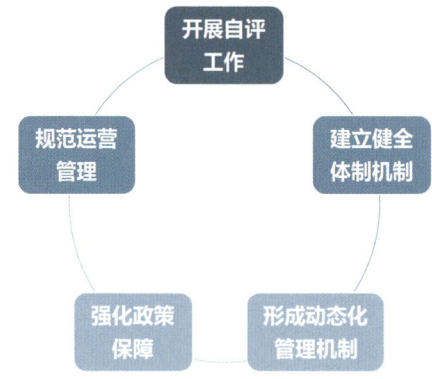

要素保障内容体系示意图

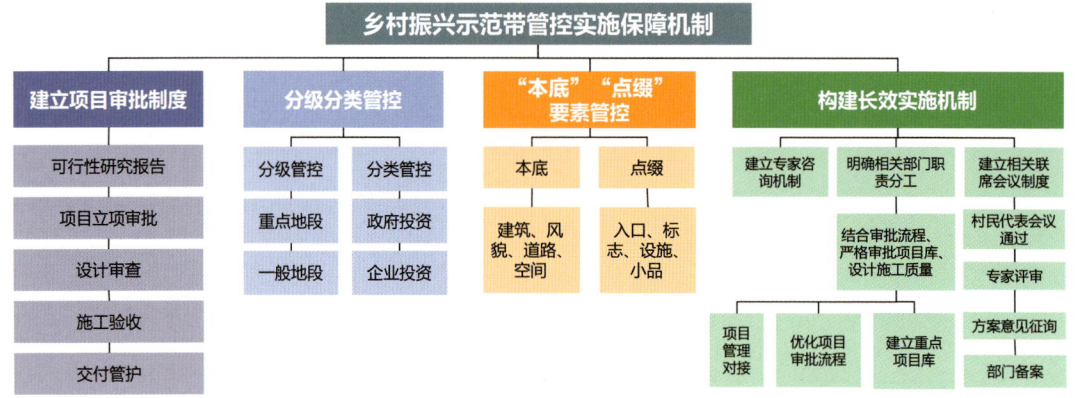

"项目审批－精准实施－要素管控－长效管控"层级传导的动态化管理过程示意图

二、设计深化：特色彰显、功能复合

习近平总书记强调，实施乡村振兴战略，不能千篇一律，更不能搞"面子工程"。要推动乡村振兴健康有序进行，科学把握各地差异和特点，注重地域特色，体现乡土风情，特别要保护好传统村落、民族村寨、传统建筑，不搞"一刀切"，不搞统一模式，不搞层层加码，杜绝"形象工程"。为进一步明确和提升乡村风貌内涵，建设广东精美农村，使之成为与粤港澳大湾区世界级城市群相匹配的后花园，乡村建设要注重彰显地域文化特色，在传承与弘扬历史遗产的基础上，注重功能性与场所感，提高乡村建设与风貌水平。因此，就需要从设计源头引导，从文化、产业、建筑、景观和设施等五大功能要素出发，对乡村大地景观、农房建筑、公共和生产建筑、自然景观、人工景观、公共服务设施、旅游配套设施等要素进行科学合理的管控与引导，以便于地方开展持续风貌管控及修复工作，这也是指导地方开展风貌管控的重要手段之一。

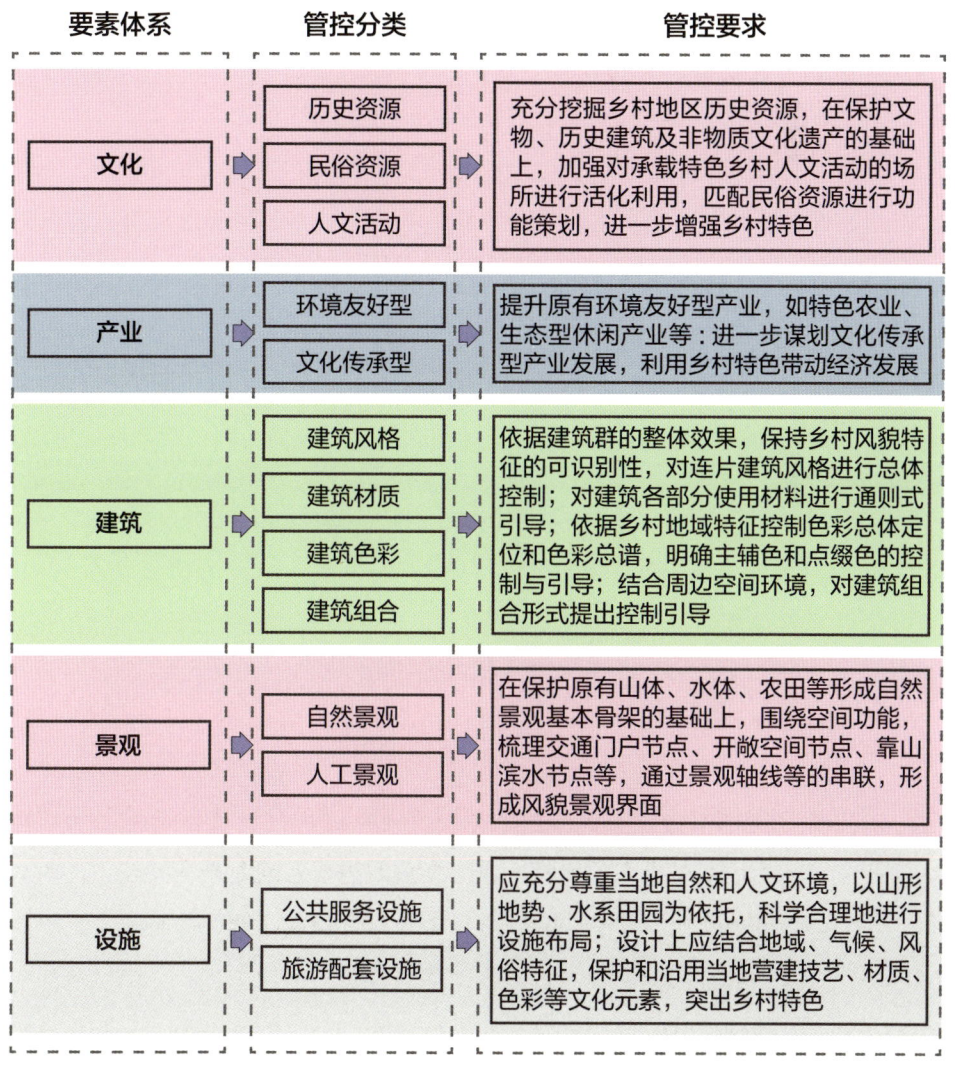

要素体系	管控分类	管控要求
文化	历史资源 民俗资源 人文活动	充分挖掘乡村地区历史资源，在保护文物、历史建筑及非物质文化遗产的基础上，加强对承载特色乡村人文活动的场所进行活化利用，匹配民俗资源进行功能策划，进一步增强乡村特色
产业	环境友好型 文化传承型	提升原有环境友好型产业，如特色农业、生态型休闲产业等；进一步谋划文化传承型产业发展，利用乡村特色带动经济发展
建筑	建筑风格 建筑材质 建筑色彩 建筑组合	依据建筑群的整体效果，保持乡村风貌特征的可识别性，对连片建筑风格进行总体控制；对建筑各部分使用材料进行通则式引导；依据乡村地域特征控制色彩总体定位和色彩总谱，明确主辅色和点缀色的控制与引导；结合周边空间环境，对建筑组合形式提出控制引导
景观	自然景观 人工景观	在保护原有山体、水体、农田等形成自然景观基本骨架的基础上，围绕空间功能，梳理交通门户节点、开敞空间节点、靠山滨水节点等，通过景观轴线等的串联，形成风貌景观界面
设施	公共服务设施 旅游配套设施	应充分尊重当地自然和人文环境，以山形地势、水系田园为依托，科学合理地进行设施布局；设计上应结合地域、气候、风俗特征，保护和沿用当地营建技艺、材质、色彩等文化元素，突出乡村特色

要素管控引导分类表

领航
解码广东乡村振兴示范带

"复合"指的是将各要素聚合重组,最后形成新的有机整体的建构方法。复合设计最早由美国建筑师伦纳德·R.巴赫曼提出,主要是指从空间共享、形象共享、功能复合这三个角度对建筑进行重构。复合设计思想最初广泛应用于城市层面,在近年来的乡村实践中,设计师们也逐渐将复合设计理念融入乡村。特别是在乡村建筑的设计中,通过对闲置和功能单一的乡村公共建筑进行改造,结合乡村生产生活特点,在有限的资源及使用频次下,为进一步提高功能及空间的使用率,往往会将其打造成多场景、多功能的活动空间。例如,武江粮仓位于韶关市武江区龙归镇冲下村,是20世纪60—80年代集苏式仓与浅圆仓于一体的粮食储藏仓库,用于粮食仓储及简单的机械作业。通过对其盘活利用,将其改造成集党群服务中心、人才培训、图书馆、展览、游客服务、会议等多功能于一体的乡村振兴培训实践中心,场地内精心设计的景观也成为村民休闲活动的场地以及游客打卡点。

在广大乡村地区,一个空间的营造往往伴随着多种功能的复合和空间的共享,甚至在融合地域文化、品牌IP、产业特征的基础上,形成了地方特有的形

武江粮仓改造成为乡村振兴培训实践中心

象标识。设计力量的介入，往往能很好地将乡村文化、产业、生态甚至是治理等进行融合，进一步彰显乡土地域特色。

文化要素作为乡村地区风貌特征的基础内涵，也是地方文化软实力的综合体现。对文化要素的管控，应以"保护优先"为原则，从历史资源、民俗风情及人文活动三方面提出引导要求。例如，连南瑶族自治县在乡村振兴示范带建设中，从民族文化、非遗文化中提炼文化符号，打造独具地方特色的标识系统、特色农房外立面及其他景观空间特色。

产业要素管控，则是在第一、二、三产业融合发展的基础上进一步根据产业特征进行分类，识别更具可持续发展生命力的生态友好型产业和文化传承型产业，并对应提出管控要求。例如，清远市清城区东城街道乡村振兴示范带的创建，以新桥村为典型，探索建立政府引导、酒店指导、民宿运营三位一体的"酒店+村集体+乡村民宿"合作经营管理模式。村内土地也流转起来，配套打造为观光采摘园及亲子互动休闲区域。为此，新桥村在总体乡村景观、建筑外立面上均进行了特色化、主体化营造。

连南"瑶山那抹红"乡村振兴示范带特色节点

领航
解码广东乡村振兴示范带

清城区新桥民宿村

在建筑与景观要素方面，把握从"整体"到"局部"的关系是管控的关键，即考虑生态空间与建筑空间、自然环境与人工景观的互相作用，在生态环境与建设环境融合和谐、整体与局部相辅相成的基础上，运用统一的设计语言进行乡村特色风貌设计表达。例如，翁源乡村振兴培训学院乡建展示园以独特的设计理念，将乡建工艺工法展示区置于菜园景观化的庭院中，增加趣味性与乡土味。

翁源乡村振兴培训学院内乡建展示园景观营造

开平市塘口镇强亚村"这不只是个厕所"

设施要素是对整体风貌的细节补充,从公共服务设施与旅游配套设施两方面进行管控,尊重乡村地区居民的生活习惯,增强外来游客的乡土特色体验感,增添乡村气息。例如,开平市塘口镇强亚村的华侨老宅厕所被打造成为"网红厕所"——"这不只是个厕所",设计团队巧妙运用在清拆整治中产生的砖瓦等边角料,将其砌筑成为"砖墙",同时以简洁的设计手法及精湛的施工工艺让整个建筑外观看起来如同一个公共艺术装置,更好地体现了建筑的公共性。更值得一提的是,保留了老宅内一棵百年老树,整体公厕的设计场所感强、建筑公共属性凸显、历史文脉彰显而独特,引得不少村民、游客在此活动、休憩。

三、施工建设:材料乡土、工艺精湛

(1)因地制宜,就地取材

乡村景观与当地自然环境及经济文化的匹配成了乡村景观的核心。一般而

领航
解码广东乡村振兴示范带

言,自然元素较人工元素更契合场地,本土元素较外来元素更节约成本。在选择材料时,要充分利用现有材料,就地取材,选取自然、环保、健康、经济的本土景观元素,如竹、卵石、碎石、砂砾、木头等系列环保材质。必要时还可考虑材料的再利用,如原有构筑物中利用的砖、木材、麻石或其他边角料,农民生活用品旧物件中的石磨、单车、旧电视等材料。对废弃材料化零为整、精心设计,会达到意想不到的效果。总体上,此类材料以装饰性材料运用为主,结构性材料如土墙、石墙,是将一定量的土或石材采用化学改性、物理改性或乡土工法制作而成,基本可在建筑、基础设施中运用。例如,韶关市翁源县江尾镇乡村可视化大数据指挥中心旁的景观展示墙,巧妙运用当地碎石、拆旧青砖、旧单车等营造乡村旧时光场景,整体景观场景化,趣味性突出。

韶关市翁源县"兰乡古韵"乡村振兴示范带沿线景观

英德市连樟村入口标志

四会市"桔子小镇"乡土材料建筑

（2）紧跟时代，创新材料

现代科技的快速发展，使得各类新材料、新工艺、新产品在各个领域竞相绽放。要改变以往乡村材料使用过多注重实用而缺乏美观、材料粗犷且选材单一、工艺滞后等现象，须充分发挥新材料、新工艺、新技术在乡村地区的推广及应用，鼓励使用节能环保、绿色低碳等新材料，并通过新工艺鼓励使用乡土材料或具有乡村风格的替代材料；努力寻求传统文化与现代生活的结合点，设计和呈现体现新时代中国特色的乡村风貌。例如，有条件的地区，可在乡村推

以新材料新工艺打造景观节点、标识等

广以钢材制作为主的轻钢结构这种新型工艺，或是采用铝等材料，以新工艺方式营造乡土景观。

（3）匠心营造，工艺工法

为进一步提升乡村地区景观营造的水平及效果，改善乡村地区总体施工人员的工艺工法，传承传统工艺，提高匠艺，守住乡愁，一方面，注重推广新工艺技术的应用，不断提升经济效益；另一方面，注重挖掘传统工艺工匠，充分发挥"传帮带"作用，让乡土技艺得以传承。

清远市阳山县蒲芦洲村的卵石砌筑工艺

四、验收考核：对照指标、分项分点达标

2022年6月，中共广东省农村工作领导小组办公室印发《广东省乡村振兴示范带建设指引（试行）》（以下简称《指引》），该《指引》明确了"三类村"（干净整洁村、美丽宜居村、特色精品村）创建标准、乡村振兴示范带创建阶段分类及标准（夯实阶段、基本建成阶段、示范带动阶段）。

2022年9月，广东省农业农村厅、广东省乡村振兴局印发《2022年"广东省十大乡村振兴示范带"评选实施细则》，文件基本明确了实地核查、资料评审、演讲答辩相结合的评选方式,形成了基本建成段的评分内容及评分指标。评分内容主要围绕党建引领作用强、乡村产业发展好、乡村环境干净整洁、乡村风貌特色鲜明、乡风文明向上向善、基础设施逐步完善、公共服务按需配备、乡村治理和谐稳定、乡村运营规范有序、初步建成一定规模,形成可复制可推广的创新亮点等十大内容18个评分项目开展。

建议各地结合省级指引因地制宜地细化适用于本地的乡村振兴示范带验收细则,可围绕"十大任务要求+硬性指标+评分指标+政策趋势"方式制定验收细则。在硬性指标方面,明确以基本建成段为创建目标,可在基本对照省级评选十大内容体系的基础上,重点围绕村集体经济发展、乡村环境干净整洁(农村厕所革命、农村生活污水处理、农村生活垃圾治理、山水林田湖草沙系统治理)、农房风貌提升、初步建成一定规模等内容设计适合本地的评分机制;在政策趋势方面,适当设置一定加分项,以激励各地在乡村发展、乡村治理、乡村建设方面探索好的经验与做法。例如,清远市在对标省级指引及评选细则的基础上,积极探索推行制定一套行动方案、一套验收标准、一套标准创建的工作方法,规范并强化指导各地开展美丽乡村、示范圩镇创建工作,促进乡之间、乡村之间各美其美、美美与共,打造高质量绿美清远。

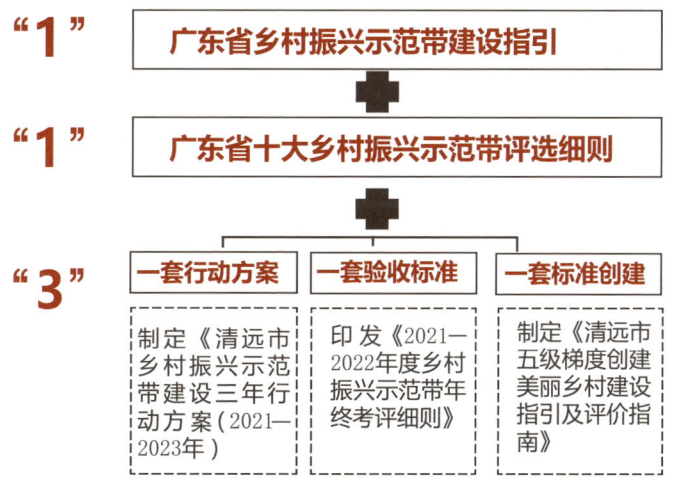

清远市乡村振兴示范带推进"3个一"工作方法

第二节 建设要素：全域统筹，匠心打造

现阶段，乡村建设普遍存在乡村风貌不协调、村庄特色不明显、建设工艺粗犷等问题。针对这些问题，本书从"功能"上对乡村振兴示范带的建设内容进行要素分类，可以分为主要服务于村民的农房风貌、"四小园"、服务于游客的旅游配套设施、村庄标识、服务于村民与游客的路径和乡土植物景观六类，全域管控乡村风貌特色。

提取当地的特殊性元素，确定村庄总体风貌定位，从乡村建筑立面、"四小园"打造、村入口空间打造、巷道改造、空旷地改造和乡土植物等多个方面形成可推广、可落地的建设方案和样式。重点挖掘其地域特征和传统文化习俗，采用乡土材料、乡土工艺、乡土植物塑造乡村特色风貌，建设各具特色、各美其美的岭南美丽乡村。

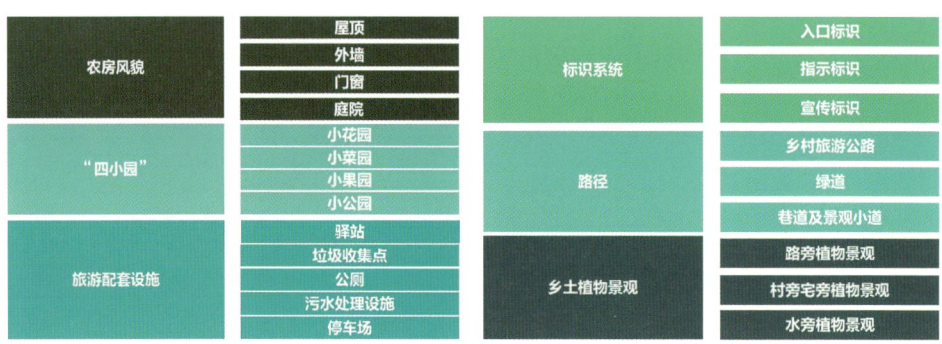

全域全要素分类图

一、农房风貌

农房风貌建设是构建美丽乡村精品线路线上空间的重要工程。按照不同地

段的农房风貌特色、改造手段、要求等不同因素,可将农房风貌建设分为:屋顶、外墙、门窗、庭院四个要素。

对现状较新、外墙面为面砖的农房,根据实际情况进行局部"微整治";对墙面老旧、外观较差、风貌不协调的裸房,要采用与周边环境相协调的材料进行整治;对裸房、老旧墙体进行全面整治;打造村标、景观小品、围墙、步行道、休憩小品等设施。

不得对农房外立面过度"涂脂抹粉"、盲目跟风"刷白墙"。不得乱写标语口号,不得在一些重要节点及公共空间随意悬挂宣传海报、横幅。严格控制墙绘,描画要有当地主题、乡味和美感,色彩协调。农房外立面改造提升应采用与周边环境相协调的材料,凸显本地建筑风格。

增城邓山村农房外立面

连南三江镇金坑村农房外立面

广州从化农房外立面

从化南平村农房外立面

农房风貌整治参考案例

领航
解码广东乡村振兴示范带

外墙颜色过于艳丽
农房风貌整治负面案例

外墙广告随意粘贴

二、"四小园"

"四小园",即小菜园、小果园、小花园、小公园,是指清理村成片闲置用地、房前屋后闲散或庭院边角地空间、坍塌房屋等场所,充分利用"三清三拆三整治"后的乡土材料,就地取材,如拆旧砖头、木条或者竹子等,打造农村"四小园"等小生态板块,改变原来房前屋后杂乱差、杂物堆积和畜禽养殖无序的现象。"四小园"的建设要坚持"政府引导、农民主体,规划先行、统筹推进,因地制宜、紧贴民俗"的原则,适宜种菜的则以种菜为主,适宜种果的则以种果为主,要做到整齐简洁,符合乡村风貌,力戒建成"高大上"的面子工程。

不得占用永久基本农田;不得违反村庄规划;不得强行建设、摊派或政府大包大揽,要坚持农民民主主体,充分尊重农民意愿;不得照搬城市模式、脱离农村实际、贪快求洋、破坏乡村风貌自然生态等。避免过度设计、过度建设导致高成本,例如造型过于复杂,结构厚度超过基本要求,造成浪费;避免围墙高度过高,阻挡景观视线,高度低于110厘米为宜。

第三章 如何建设乡村振兴示范带？

小花园

小菜园

小果园

小公园

"四小园"建设参考案例

围墙过高阻挡视线

选址不当

"四小园"建设负面案例

三、旅游配套设施

配套设施是美丽乡村精品线路基础设施建设的重要组成部分，是满足当地旅游开发的基础性工程。美丽乡村精品路线建设的配套设施建设主要包含以下几大工程：驿站、垃圾收集点、公厕、污水处理设施及停车场。

（1）驿站

驿站的选址应当科学合理，考虑周边旅游产品的辐射范围，并与其产生良好的互动效果；应充分考虑交通的便利程度，以两条以上旅游线路交汇处为最佳选择。

刚需配置有卫生间、咨询服务、休息停留空间、停车位、基础医疗救治服务，根据当地需求还可配置购物服务、餐饮服务、住宿服务、租车服务。

乡建展示园与驿站相结合

自行车转换点驿站

候车亭与驿站相结合

驿站建设参考案例

（2）垃圾收集点

村垃圾收集点建议设在自然村居住点主导风向的下风向，可以充分利用已建成的"一村一点"或设置于村庄主干道旁等位置的密闭分类垃圾桶，对其进行适当改建，附近宜设置洗手池，并设计排水，以免干扰村民的生活，污染水体、农田。

垃圾收集点根据样式特点可划分为亭廊式和站房式两大类。服务半径不宜超过800米，建筑面积应当根据各村镇实际生活垃圾产生量和收运次数计算确定。

一般垃圾收集点　　　　　　　智能垃圾收集点

垃圾收集点建设参考案例

（3）公厕

选址可结合村委会、村民活动中心、老人活动站、卫生站、物流配送站等设施建设附属式公厕。新建农村公厕应选址在地势相对较高、不易积存雨水、无地质危险的地段，应方便使用者到达，便于维护管理、出粪、清渣，如旅游景点、停车场、人群密集地。农村公厕宜按照服务半径500~800米的标准进行设置，公厕规模大小应根据使用人数进行设置。

不允许存在旱厕、直排厕所，并保证厕所内部不积存雨水、污水和"牛皮癣"。

领航
解码广东乡村振兴示范带

从化南平村公共卫生间

从化莲麻村公共卫生间

公共卫生间建设参考案例

（4）污水处理设施

农村生活污水处理设施应综合考虑处理水量、原水水质、占地面积、建设投资、运行成本、处理稳定性及区域自然气候条件、植被类型和地理条件等因素。

选址应符合国家有关规定和当地规划要求。应选择集中给水水源的下游、居住区的下游和夏季主导风的下方；宜选交通、运输及供水供电较方便，临近排放水体且少拆迁处；不宜靠近民房、学校及医院；禁止占用基本农田。人工湿地单元的面积宜为300～1 200平方米。

不得对村内池塘、沟渠、河道等水体驳岸过度硬化。不得在河道、池塘内随意设置栈道（桥）、亲水平台。不宜脱离实际情况，盲目建设"高大上"农村生活污水处理设施。

一体化污水处理设备

一体化污水处理设备

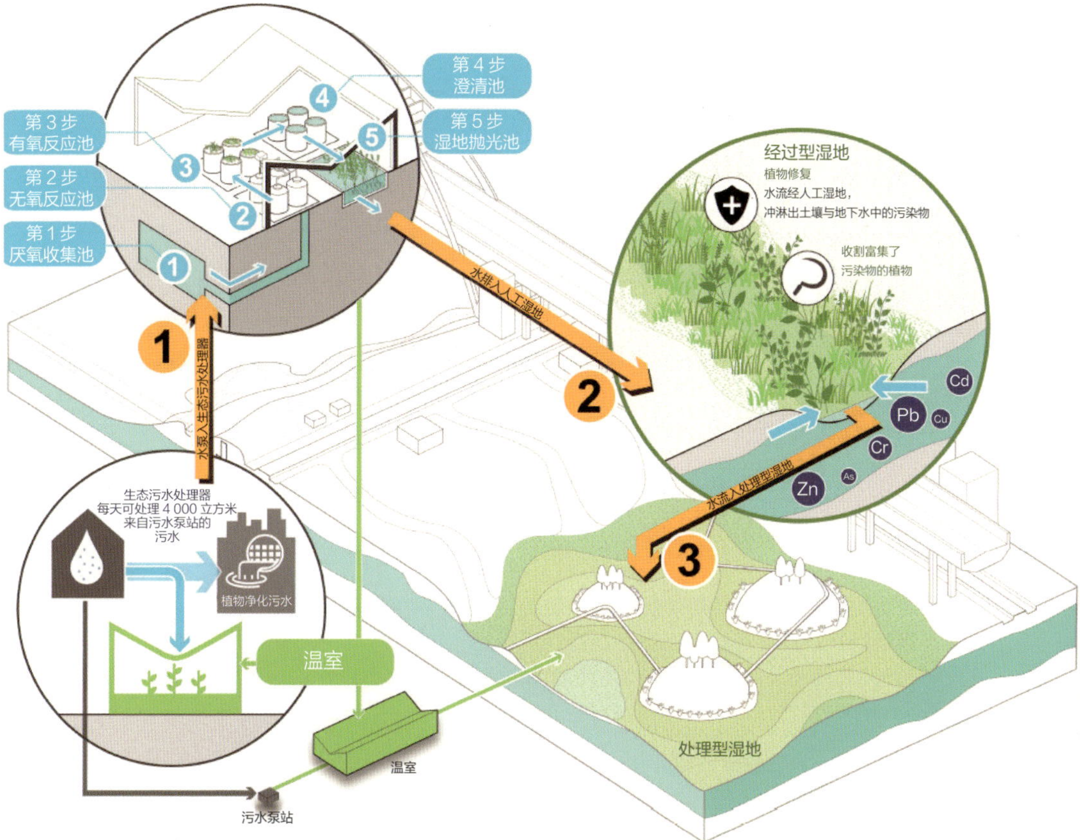

第三章 如何建设乡村振兴示范带？

人工湿地污水处理流程示意图

人工湿地污水处理设备

污水处理设施建设参考案例

（5）停车场

在符合乡村规划设计的前提下，选址应充分考虑按当地实际需求与道路交通等条件进行布置，鼓励对村内闲置停车空地进行改造提升；机动车停车场内应设置交通标志，施划交通标线。

停车场设计尺寸需参照国家规范《停车场规划设计规范》，结合场地实际情况布置。根据工程做法及材料，可分为沥青路面停车场、水泥路面停车场、植草砖路面停车场、预制砖路面停车场，地面材料的选择应当尽可能体现农村乡土元素，少用沥青、石材等。

不得对公共场地大面积硬底化或选择与环境不协调的铺装形式。不新建超人口规模、占地广阔的大广场，不得比照城市公园标准建设大公园，不得超标准建设篮球场，不得铺设非生态型停车场。

植草砖路面停车场

生态型停车场

停车场建设参考案例

四、村庄标识

根据标识系统类型可将村庄标识分为入口标识、指示标识与宣传标识三种类型，具有形象展示、方向引导、宣传解说、信息传递等功能。

（1）入口标识

村入口标识宜设置于入村主要道路起始端、村庄入口的广场、绿地等空间，应注意不宜遮挡主要道路及交通视线；村入口标识可配备必要的背景元素，建议采用植物作为衬托，打造层次丰富的生态入口景观；入口标识的文字及图标要求字体清晰、易于辨识，文字材质宜与景墙材质相协调。

不得过度人为造景。不新建大门楼、大牌坊、大村标。不得购置假山石人工造景，不得新建结构复杂、造价昂贵的大亭子，不照搬城市模式建设大雕塑、大喷泉，不建设无历史渊源的仿古牌坊、廊桥、长廊等各种华而不实的工程。

景墙类入口标识

组合式入口标识

入口标识建设参考案例

（2）指示标识

根据沿线不同位置的需求，设置相应的标识牌；标识设置应系统考虑，根据线路创建完整的标识系统，禁止滥设、漏设，避免出现标识内容互相矛盾或重复的现象；沿线车行指示标识整体设计及安放位置要醒目，人行指示标识应布置于主要目的地及公共景观处，为行人提供各类相关的服务、活动及公共通告信息。

领航
解码广东乡村振兴示范带

增城邓山村导览牌

从化标识标牌

指示标识建设参考案例

（3）宣传标识

村庄宣传标识可结合村庄文化、线路主题等内容，突出表达村庄及线路特色；村庄宣传标识以宣传栏为主，宣传栏整体应简洁朴素，宣传栏主体、文字、背景不宜同时采用大红、大绿等过于鲜艳的颜色。

宣传标识建设案例：清新区三坑镇乡村振兴示范带沿线标识
（来源：清新区三坑镇人民政府）

五、路径

路径建设作为精品线路中的交通基础，由始至终承载着人的线上活动，是构建美丽乡村精品线路线上空间的要点工程，应着重从路径的安全性、标识性、景观性、舒适性和连续性五个方面进行考虑。按照不同地段的基底建设条件、功能划分、景观要求等不同因素，可将路径分为乡村旅游公路、绿道、巷道及景观小道三个部分。

（1）乡村旅游公路

乡村旅游公路是精品线路路径构成中的基础要素，是线路形成的基础。其作为乡村精品线路的主要游览路径，是串联各精品要素的优选路线，具有游览参观的引导性，同时也承担一定数量的地区交通。

乡村旅游公路利用区域内原有的道路或从原有道路改建扩建而来，也可根据实际需要局部新建机动车道，应符合国家、省颁布的有关道路工程施工、验收等现行规范，最大限度地减少对自然环境的影响。

领航
解码广东乡村振兴示范带

连南示范带三色划线主干道

（2）绿道

乡村绿道是精品线路路径构成中的核心要素，是融合生态功能、游憩功能、产业功能以及文化功能等多种功能于一体的综合系统。乡村绿道将道路功能从单一的交通转换成交通+观景双重功能，串起了"慢行系统+风景线+产品线+产业带"，是乡村绿链。

绿道建设应遵循"生态优先、因地制宜、安全连通、经济合理"原则，符合国家、省、市（区、县）对绿道建设的相关规范要求。精品线路绿道设计应考虑配置完善的配套设施，如休闲桌椅、垃圾收集箱、园路灯、观景平台等，入口处可设置非机动车道路。

不得将大理石、镜面石材、艳色材料及其他昂贵建材用作铺装或建筑物构件；不宜将原色不锈钢、水泥构件、PVC塑料等与乡村风貌不符的材质用作栏杆或建筑物构件。

彩色混凝土绿道

彩色沥青绿道

绿道建设参考案例

（3）巷道及景观小道

巷道及景观小道是精品线路路径构成中的补充要素，一般位于路径中局部存在的过渡空间，如村庄内部、沿线桥梁或依托古驿道而打造的景观小道等，是精品线路路径构成中展现细节、凸显乡土氛围及文化底蕴的关键。

其建设应坚持"安全、经济、适用、环保、耐久"的理念，坚持"因地制宜、量力而行、节约土地、保护环境、注重安全"的原则，建设时尽可能就地取材，延续乡土氛围；对于历史遗留下来的传统巷道或古驿道，应以保护修复为主，充分尊重当地自然、历史条件，针对不同地域采取不同的保护、修复措施。

不得在历史文化名村、传统村落核心保护范围内进行除必要基础设施和公共服务设施以外的新建、扩建活动。不得对文物保护单位、历史建筑、传统风貌建筑和老街、老巷、老井等采取盲目"贴瓷片""铺水泥"等破坏性修缮。

领航
解码广东乡村振兴示范带

砖砌路面　　　　卵石路面　　　　麻石、青石板路面

砖瓦路面
道路铺装建设参考案例

改造前原有石板路　　　　改造后盲目硬底化的水泥路
道路改造负面案例

六、乡土植物景观

乡村植物景观的营造是在乡村植物的基础上，按照空间类型及功能需求将乡村植物景观分为路旁植物景观、村旁宅旁植物景观和水旁植物景观三大类型。本书主要对植物的选取和营造做法进行详细说明。

乡土植物参考案例

（1）路旁植物景观

路旁植物景观应以道路经过村落的乡土植物为基础，注重安全性、经济性、观赏性和文化性，选取生长快、耐贫瘠、抗逆性强、病虫害少、养护管理简单的本土植物；应与周边田野、山林环境风貌协调，避免对周边自然环境产生干扰破坏，同时结合村民自身意愿和村庄产业发展需要，种植果蔬、特色农作物等，提升绿化的经济价值。

主要道路两侧植物配置应保证道路行车视线安全，株距不得小于3米；次要道路的绿化配置不得影响道路正常通行，可选择种植小乔木、花灌木等乡土植物，道路两侧为建筑时，可紧靠墙壁栽植攀缘植物。

领航
解码广东乡村振兴示范带

路旁植物参考案例

（2）村旁宅旁植物景观

村旁宅旁植物景观应因地制宜、特色突出，根据不同空间需求进行配植，宜选择观赏价值较高的乡土树种和有一定经济价值的树种，突出植物景观的观赏性，兼顾防护性；应引导农户合理利用零星空地进行小果园、小菜园、小花园、小公园"四小园"种植，见缝插绿，鼓励绿化美化与发展庭院经济相结合，加大可食性景观的打造，形成具有农村特色的绿化景观。

宅前绿化

园后绿化

宅旁绿化

房前屋后绿化参考案例

（3）水旁植物景观

以保留、利用现有河道的自然岸线为主，应根据营造地段水位的高低、水流速度等客观因素选择陆生及水生植物营造自然岸线景观，注意防止富营养化，切忌造成拥塞水面、环境污染；宜根据本地现有稳定的水生植物群落，以选择地方耐水性植物或水生植物为主，同时兼顾美化堤岸，丰富水生植物种类，选择根系发达、生命力强的乡土植物进行营造。

不得种植大规格树木、名贵树木、不易养护的整形灌木、盆景和需要定期栽植的时令花卉、花海等。不得大面积移植人工草坪。不得在古树名木树冠垂直投影5米的范围内堆放物料、挖坑取土、兴建临时设施建筑，倾倒有害污水、污物垃圾，动用明火或者排放烟气；在古树周围的保护范围内不得铺水泥路面、封砌、封固和开挖地面，损坏表土层和改变地表高度。

水旁植物景观参考案例

艺术造型植物维护成本过高　　河涌沿岸过度硬质化

水旁植物景观负面案例

第三节　工作组织：上下联动，多方协同

2021年，习近平总书记在全国脱贫攻坚总结表彰大会上的讲话强调，"全面实施乡村振兴战略的深度、广度、难度都不亚于脱贫攻坚，要完善政策体系、工作体系、制度体系，以更有力的举措、汇聚更强大的力量，加快农业农村现代化步伐，促进农业高质高效、乡村宜居宜业、农民富裕富足。"所以，乡村建设与发展需要不同的行动主体甚至是全社会共同参与、共同建设。

在乡村振兴战略背景下，目前已形成以基层政府为主导，村"两委"为基础，乡村精英、普通村民、传统宗族权威等为主体的多元乡村治理格局。基层政府处于国家行政权力体系的最末端，直接面向广大基层群众，是所有组织中与农村关系最为密切的国家政权实体，肩负着贯彻落实国家各项政策和推进乡村治理有效的重要职责。必须加强党对乡村振兴的全面领导，完善党对乡村振兴的领导方式。着重要求各级党组织落实好乡村振兴战略领导责任制，以党建引领促进乡村振兴，建立健全各项制度建设及要素保障，形成上下联动、部门协同、一抓到底的示范带工作体系，同步切实保障驻村帮扶工作有效衔接、有序开展，为推动高质量乡村振兴赋能。

一、党建引领高质量乡村振兴

党建引领乡村振兴的关键在于强化农村基层党组织建设。习近平总书记指出："农村工作千头万绪，抓好农村基层组织建设是关键。"当前，实施乡村振兴战略就是要牢牢抓住农村基层党组织建设这个关键，充分发挥基层党组织的领导核心作用，为乡村振兴提供组织基础和保障。

一是要发挥县级党委"自上而下"的组织督导作用，严格落实考核激励制度。 落实县（区）乡（镇）党委抓农村基层党组织建设和乡村治理的主体责任，明确各级党组织书记的第一责任，将农村基层党组织能否引领乡村振兴纳入县（区）乡（镇）年度督查检查考核计划，作为实施乡村振兴战略实绩考核的重要内容。

二是要选优配强党组织"得力助手"。 "支部强不强，关键看头雁"，基层党组织队伍应当充分发挥战斗堡垒作用，着力打造一支充满干劲、能干实事、敢于担当的党员干部队伍。不断优化基层"两委"组织队伍结构，做好后备干部及党员培育工作，要注意吸收高校毕业生、农民工、机关企事业单位优秀党员到农村任职，带头指导村级内务事项，不但能培养基层党员干部的工作业务能力，也能整治村级基层党组织的秩序，更能培养出一批良好的村级两委班子。农村党支部作为最基层的党组织，要不断提升自身战斗力，高标准谋划建设，严要求推进发展，为乡村振兴战略的实施打下坚固基础。特别要提出的是，新时代，全面推行村支书"一肩挑"是党和国家的政治要求。因此，村书记作为支部"头雁"，更需要不断加强自身建设，增强自身能力，要有大局观，更要有担当、敢作为。

三是深化党群关系。 基层工作直面群众，基层党组织要牢牢把握好群众这个核心，充分发挥桥梁纽带作用，做好联结党组织与群众的工作。此外，基层党组织要突出党建引领，群策群力，要充分调动村民参与乡村建设、乡村发展与治理的积极性，让村民共商、共谋、共建、共治、共享乡村发展，充分体现民主共商、民事共议、民主决策的自治机制，不断增强村民主体意识，要让村民在乡村振兴过程中有获得感、幸福感和安全感。同时，党员也要起到模范带头作用，主动参与到美丽乡村建设中来，带头做好人居环境整治、乡村"两违"等工作，增强村民信心。

四是推动社会组织基层创新。 建设农村精神文明的有效载体，引导新时代文明实践中心、县级融媒体中心等平台开展对象化分众化宣传教育，弘扬和践行社会主义核心价值观，支持农民自发组织开展体现农耕农趣农味的文化体育

领航
解码广东乡村振兴示范带

活动,加强农耕文化传承保护,充分发挥村规民约、家庭家教家风等非正式制度的作用。例如,开展"最美庭院""最美党员"等评选活动,不仅可以协同促进乡村建设,也可以增强村民凝聚力。

以佛山市里水镇打造南海区连片乡村振兴先行区为例。

作为佛山市"百里芳华"乡村振兴示范带的重要组成部分,里水按照"12345"党建工作法,坚持党建引领为核心,打造南北两条乡村振兴示范带,做实三级党建网格,加强区镇村社四级联动,大力推进五挂钩直联村社制度,全力抓党建促乡村振兴。重点通过出台《里水镇强化党建引领全面提升基层党组织战斗力的若干举措》《里水镇创建党建连片示范带实施方案》等文件,以夯实村(社区)党组织规范化建设为抓手,推动党组织工作从"有形覆盖"到"有效提升";镇设立基础扶持资金,以检查结果为导向,给予村(社区)相应的奖励和惩处措施,并将检查结果与村干部的年终绩效挂钩,达到人居环境整治"扶起几条,带动一片,倒逼一批"的目的。

里水镇坚持抓好乡村振兴中的"关键少数",统筹全镇40个村(社区)第一书记集中开展"书记训练营",同时开展为期7期的经济社党支部书记及社长(队长)训练营,分批分类抓好基层500多名"头雁"的思想政治建设和工作能力建设,打造品行优、能力强的人才"雁阵"格局。

佛山市"百里芳华"乡村振兴示范带南海区贤鲁岛实景
[来源:《全省乡村振兴示范带典型案例汇编(初选版)》]

二、政府主导夯实发展基础

（1）领导重视，高位统筹推动

要准确把握习近平总书记关于"三农"工作的重要论述，坚持"三农"重中之重的战略定位，全面实施乡村振兴战略，加快农业农村现代化，就要求立足于全局、着眼大局，将"三农"工作贯彻落实到乡村振兴工作的全过程、各方面，确保一张蓝图绘到底，久久为功，扎实推进乡村振兴。

要不断完善推进乡村振兴战略的工作机制，筑牢乡村振兴"四梁八柱"。一是要健全高位推动机制。省层面要落实明确省委实施乡村振兴战略领导小组成员的权责，同时，建立省委领导挂点联系一个地市的工作机制，强化五级书记抓乡村振兴强有力的高位推动领导机制。二是要健全责任落实机制。加强各级党组织建设与工作引领，推动各级干部主动担当作为。纵向上，实施省、市统筹，县（区）主体，乡镇（街道）实施，村创建的分级负责推进机制；横向上，市直有关部门加强政策支持和业务指导、密切协作配合，形成工作合力。各区作为建设责任主体，要充分发挥县（市、区）委统筹统揽、一线指挥的示范引领作用，推动工作重心聚集乡村一线；乡镇发挥一线"施工队"作用，细化目标管理、任务清单、定期报告等工作组织制度，不断提高乡村振兴工作绩效。例如，广东省设立组织振兴、产业振兴、生态振兴、文化振兴、人才振兴、城乡融合、脱贫攻坚、农村综合改革、农村金融等9个专项组，由所有省党政领导分工负责。组建环境整治、脱贫攻坚、农村改革、现代产业园等重点任务专责队伍，实行重点任务"四化"推进，即专班专责专业化、数据台账信息化、挂图作战目标化、改革探索示范化。三是健全政策保障机制。结合本地乡村振兴发展实际，长远谋划乡村振兴示范带建设战略规划和实施方案，短期重点部署攻坚任务实施方案，着重完善土地要素，统筹完善资金等保障，形成"1+1+N"的政策体系。四是健全驻村帮扶机制。坚持和完善选派驻村第一书记和工作队制度，将选派单位优势、干部特长与派驻镇村实际需求精准对接，因村选人组队，有效凝聚帮扶合力；要充分利用驻村帮扶工作队的资源优势，发挥其对接社会资源、社会企业和金融资本的多重优势，让工作队有效参与示范带建设与发展。

（2）认真调研，科学规划布局

实施乡村振兴战略，是要调动全社会的力量，激活主体、激活要素、激活市场，着力增强改革的系统性、整体性、协同性。乡村振兴是一项系统工程，是人力、物力、财力的有机结合，是人才、资源、战略的有效统一。因此，需要科学谋划、因地制宜、循序渐进。特别是乡村振兴示范带的创建，其属地特征更加明显，需要深入调研、精准分析，科学把握乡村的差异性和发展走势分化特征，做好顶层设计，注重规划先行、因势利导、分类施策、突出重点，体现特色、丰富多彩，既尽力又量力而行，不搞层层加码，不搞"一刀切"，不搞形式主义和形象工程，久久为功，扎实推进。

例如，广东省茂名市在推进"精彩100里"乡村振兴示范带建设的过程中，按照时任省委书记李希"高水平打造乡村振兴'茂名样板'"的指示精神，谋篇布局，系统开展全市"精彩100里"乡村示范带总体规划，并按照"整体规划、分步实施""先行先试、连片带动"的原则，在乡村振兴示范带"精彩100里"总体规划基础上选取茂南段进行先行先试。目前，"精彩100里"示范带茂南先行段的主要优势在于集茂南全区之力，一盘棋布局，规划先行，五大振兴齐发力，各地协调发展，既在乡村振兴上更有规划、更精准发力，又避免了各镇、乡在乡村振兴上单打独斗和同质化、无序化发展。聚焦城乡融合发展，讲究串珠成链、连片带动，这条示范带的建设让茂南乃至茂名朝着实现"十四五"目标、高质量发展迈出了一大步，率先形成了乡村振兴示范带的"茂南样板"。

为了打造好乡村振兴的"茂南样板"，全区一盘棋统筹谋划，将乡村资源最丰富、最聚焦、最精华地区的各种资源串珠成链，形成茂名最耀眼的"项链"——乡村振兴示范带"精彩100里"先行段。"精彩100里"茂南先行段起点位于新坡镇莲塘村里村，依托小东江河道向东延伸，示范带全线16千米，覆盖新坡、山阁、羊角3个镇共5个行政村。它的定位是现代农村农业集聚区、城乡融合发展示范带、乡村旅游风景道和农业农村改革创新平台。它既是一条集产业振兴、人才振兴、文化振兴、生态振兴、组织振兴于一体的振兴示范带，又是一条集碧道、马拉松赛道、生态骑行道、乡村风景道于一体的乡村旅游线路。

茂名市"精彩100里"茂南先行段实景
［来源：《全省乡村振兴示范带典型案例汇编（初选版）》］

（3）部门合力，协调推进建设

乡村振兴示范带在政府牵头统筹组织下，需要各部门协同参与，共同推进乡村振兴示范带建设。组织协同上，跨部门协同合作的组织形式可以分为两种，具体为政府间的纵向联动模式和社会企业等与各级政府、部门间的横向合作模式。纵向模式在行政发包制的基础上，参照脱贫攻坚工作从上至下发包，条块状分配任务，制定考核标准。

例如，在湛江市徐闻县"菠萝的海"示范带建设中，徐闻县委农办、县农业农村局发挥牵头抓总作用，协调推动县有关部门制定完善政策保障体系。县自然资源局指导各地落实乡村建设规划许可管理制度，做好村庄规划评估和优化提升试点工作，制定农村集体经营性建设用地入市等相关政策。县住建局牵头制订乡村风貌提升工作指引及负面清单指引，指导推动各乡镇（街道）规划办因地制宜编制农房设计图集，会同县人力资源和社会保障局制定发挥乡村建筑工匠作用的政策措施。县文化广电旅游体育局制定以乡村旅游、乡村文化建设促进乡村风貌提升的相关措施。县农业农村局会同县司法局、自然资源局等部门拟订宅基地管理的有关管理规定。县交通运输局、水务局、自然资源局等部门在道路、桥梁、水利设施、绿化美化等方面对接乡村风貌提升的需求。县发展改革、民政、财政、国资、金融、档案、文史、地方志等部门按职能分工强化支持保障。各乡镇（街道）参照省、市、县的做法，结合实际制定完善相关政策，出台镇级风貌提升行动方案，依法依规有序推进各项工作。各有关部门根据部门职责，制订部门示范带实施方案，强化业务指导。

三、市场助力，谋求合作共赢

（1）国企牵头，注入新动能

产业振兴是乡村全面振兴的基础和关键。目前，乡村的产业发展效率不高，竞争力不强，存在着产业结构单一、资源缺乏、发展规划滞后、发展机制不完善等问题。我国的乡村产业，第二产业和第三产业占比很小，主要还是农业，而农业的生产方式还是以传统的单家独户小农经济生产方式为主，生产成本高，投入产出比低，市场竞争力不强。产业发展是一项复杂的系统工程，需要技术、资金、信息、市场、渠道、管理等多种资源要素的投入，而这些资源要素在乡村还很缺乏，严重制约着我国乡村产业的发展。脱贫攻坚曾极大地促进了一些乡村贫困地区的产业发展，形成了符合当地特色的产业体系，但是，大部分此类产业体系都是在政府推动下建立起来的，存在着与市场对接不紧密，甚至是脱离市场需求的现象。未来，我们需要将这些产业推向市场，建立起基于市场需求的乡村产业发展体系。

广州黄埔区乡村振兴示范带创新通过"政府主导+国企担当+农民参与+社会资本"发展模式，重点打造形成了纳米水乡、"莲重燕来"等一批新乡村示范带。黄埔区通过引导国企下乡驻村，探索多种合作共建模式发展美丽乡村。一是形成"一带一国企"建设引领模式。由国企引领推动示范带整体建设，为示范带建设注入新活力。如知识城集团下设子公司总部设在纳米水乡新乡村示范带所属迳下村，合理利用国有资产优势，加强产业项目辐射力度，通过土地流转等方式激活闲置土地。在知识城集团的示范带动作用下，300多名当地村民选择回到乡村，迳下村集体收入从原来的26万元增加至280万元，翻了十余倍。二是探索"国企牵头+社会投资"资本运营模式。由区属国企统筹当地农业资源引进社会资本或技术力量。如广州开发区投资集团统筹麦村农业资源，引入社会技术力量合作成立广州开益绿色时代生态农业科技有限公司，建设无土栽培精品科技农业产业园项目，建成后年产农作物将达6 328吨，每亩地产值

广州黄埔区科技农业产业园（来源：黄埔区人民政府）

领航
解码广东乡村振兴示范带

8万元,为当地村民提供约200个就业岗位。三是建立"基层国有企业"铁军攻坚模式。按照区委、区政府的部署谋划成立农业发展公司,知识城集团、高新区集团、开发区投资集团等区属国企陆续成立农业公司及设置农业业务板块,驻扎在乡村一线攻坚克难,专啃如点状供地、土地流转集约、品牌打造等一系列乡村发展"硬骨头"。

乡村振兴示范带建设对于企业来说其实并不是一个全新的课题,我们已经有了一些可贵的尝试和经验积累。在国家坚决全面打赢脱贫攻坚战工作部署之下,企业或独立推动,或与NGO组织合作,发起了形式多样、颇具创意的扶贫公益项目,希望通过商业方式助力农村贫困问题的解决。在这一过程中,企业摸索出了很多切实有效的扶贫模式,如产业扶贫、金融扶贫、电商扶贫、生态扶贫等。随着扶贫工作的不断深入开展,产业扶贫工作也不断往乡村本身发展或造血延展。比如华润集团发起的"华润希望小镇"项目,集产业帮扶、环境改善、治理提升于一体,意在建设一个可持续发展的宜居宜业的乡村小镇。至今该项目已持续运营10多年,而这样的"华润希望小镇"也在全国范围内建成了十多个,联农带农富农惠农作用明显。对于拉开序幕的乡村振兴示范带建设,相信一个汇集众多资源支持的平台也会催生一大批新的创业风口。

实现乡村产业的长远发展,需要企业积极发挥自身优势,找准市场,瞄准目标,激发和提升乡村的主体性。企业参与乡村振兴,需要一种新的方式,要可持续、规模化,探索一种能够自我造血的可持续的新机制,这就是社会企业的方式。相信未来会有越来越多的企业以发起成立社会企业的方式参与乡村振兴。比如碧桂园集团,实现从单一的捐赠到消费帮扶方式的转变,重点在于成立扶贫自有品牌"碧乡",推动消费主体的需求与贫困地区特色产品供给信息精准对接,探索社会扶贫共同创新机制。如今,碧桂园集团的扶贫工作已经不局限于农产品,而是开发了扶贫游、农家乐等生态旅游项目,让消费者深入当地,促进当地产业发展。以社会企业的方式参与乡村振兴,以公益为目标,但运作的逻辑却是商业的,这可能是未来乡村振兴的新鲜血液、新的组织载体。

（2）社会投资，激发新活力

农业农村部表示：经初步测算，要实现乡村振兴战略五年规划的目标，至少要投资7万亿元。国家财政投入是重要的，但乡村振兴这样一个巨大的系统工程，国家财政资金也仅仅是起到夯实基础和引导作用，社会资本才是全面推进乡村振兴的重要力量。当前政企合作共同推动乡村振兴是国家"主流"模式。例如，广东省云浮市新兴县乡村振兴示范带内的大朗茶叶基地通过政企合作建设现代化茶叶加工基地，不仅让3个村集体经济收入年均增加10万元以上，还促进了当地400多人就近就业。这样的政企合作项目，既达到农业强、农民富的目标，又带来经济效益、社会效益，可谓是政府、企业、农户三方共赢。

当然，在全国各地，正在探索的政企合作项目也涵盖了农村易地扶贫搬迁、特色小镇、田园综合体、现代农业示范园区等领域，社会资本的参与，让乡村振兴有了更强的造血能力和创新能力，也催生了一大批新的创新创业风口。我国也基于市场规律、全国各地探索的实际，于2022年由农业农村部办公厅、国家乡村振兴局综合司联合印发了《社会资本投资农业农村指引（2022年）》，旨在引导地方农业农村部门结合本地实际，充分发挥财政政策、产业政策引导撬动作用，营造良好营商环境，规范社会资本投资行为，引导好、保护好、发挥好社会资本投资农业农村的积极性、主动性，推动社会资本更好地发挥服务，全面推进乡村振兴、加快农业农村现代化。

乡村振兴需要社会资本大力投入，只有聚焦乡村振兴重点领域，创新投入方式，打造合作平台，营造良好营商环境，才能激发社会资本投资活力，才能让企业为全面推进乡村振兴、加快农业农村现代化提供有力支撑。

要把握社会资本投资的重点产业和领域。主要有现代种养业、现代种业、乡村富民产业、农产品加工流通业、乡村新型服务业、农业农村绿色发展、农业科技创新、农业农村人才培养、农业农村基础设施建设、数字乡村和智慧农业建设、农业创业创新、农村人居环境整治、农业对外合作等重点产业和领域。其中乡村富民产业、农产品加工流通业、乡村新型服务业、农业农村绿色发展、数字乡村和智慧农业建设等重点领域尤为引人关注。例如，广州市从化西和花卉新乡

领航
解码广东乡村振兴示范带

广州市从化区西和花卉新乡村示范带
［来源：《全省乡村振兴示范带典型案例汇编（初选版）》］

村示范带花卉信息港就打造了全国花卉产业数据权威发布中心。搭建完善的全产业链数据处理系统，实现花卉产业从育种、种植、加工、物流、销售到农旅融合全过程的数据采集、汇总、分析和预警等功能；建立花卉产业数据标准化分析。健全花卉产业产前、产中、产后等环节的生产和技术标准体系，为花卉行业提供技术服务和应用示范。累计制定28项花卉行业标准，其中国家级标准1项、省级标准8项，实现花卉标准化种植基地全覆盖；定期发布国内国际花卉产业发展的行业标准、产业信息、发展动态；创建花卉数字艺术与数据平台；以生态设计赋能花卉产业，依托国家工业设计研究院资源，从而促进生态设计、数字技术与花卉创意的深度融合，引领"数字创意+花卉"创新发展。

  地方可根据各地农业农村实际发展情况，因地制宜创新投融资模式，推动资源整合、投资结构优化、投资效能提升。鼓励社会资本探索通过全产业链开发、区域整体开发、政府和社会资本合作、设立乡村振兴投资基金、建立紧密合作的利益共赢机制等模式，稳妥有序投入乡村振兴。例如，广州市增城区为建立多元化的资金投入保障机制，设立广州首支乡村振兴基金。2018年，由增城区政府引导,粤港澳大湾区多家优质上市公司、民营企业共同参与投资的增城乡村振兴基金正式成立。这是广州市首个乡村振兴产业基金,总规模50亿元,重点围绕基金管理、农业科技产业投资、乡村文旅产业投资、乡村人才学院四个板块进行布局,旨在培育成为国有民营混合机制创新融合发展的生态型社会企业。乡村振兴基金成立以来,作为国有民营混合所有制创新设计的先行先试者,其开创了工商资本参与乡村振兴新模式,并充分发挥国家政策、产业基金的引导撬动作用,把政府引导基金的运行优势和民营资本的市场化灵活性相结合,为市场化的乡村振兴基金探索实践提供了宝贵的经验参考。乡村振兴基金在服务乡村振兴领域作出的积极贡献,受到了社会各界的广泛好评,并获得多项荣誉,如2021年入选广东乡村振兴百佳实践案例,获融资中国"2019年度中国最佳政府引导基金TOP50"、融资中国"2020—2021年度中国政府引导基金最佳服务TOP10"等荣誉和奖项。

地方还可进一步打造一批社会资本投资农业农村的合作平台,为社会资本投向农业农村提供规划、项目信息、融资、土地、建设运营等一揽子、全方位投资服务,促进要素集聚、产业集中、企业集群,实现控风险、降成本、提效率。完善规划体系平台,统筹做好产业发展体系的管理制定及信息发布等工作,引导社会资本有序投向补短板、强弱项的重点领域和关键环节;构建现代农业园区平台,建立社会资本投资指导服务机构,发挥园区平台的信息汇集、投资对接作用;建设重大工程项目平台,建立项目征集和发布机制,引导各类资源要素互相融合;推进项目数据信息共享,通过统一的信息共享平台集中向社会资本公开发布,引导各环节市场主体自主调节生产经营决策。

四、群众参与实现共同发展

(1)专家领衔,提升示范带"颜值内涵"

乡村要振兴,人才是关键。人才振兴是成就产业振兴的基础、推动文化振兴的动力、助推生态振兴的支撑、实现组织振兴的保障。农村产业兴旺发展,

领航
解码广东乡村振兴示范带

需要懂技术、会经营、善管理的人才；乡村优秀文化的建设和优秀传统文化的有效传承与弘扬，需要乡土文化能人；组织的壮大与健全，离不开有着强组织能力、能起模范带头作用的人才。有了人才，就会产生更多的新思想、新方法来解决"三农"问题，推动乡村全面振兴。

积极探索乡村人才建设的模式与机制，汲取广东省"三师下乡"志愿服务模式及浙江驻镇规划师、四川驻村规划师经验做法。为充分调动各类人才参与乡村振兴的主动性和创造性，凝聚强大合力，促进农村产业发展，助推乡村全面振兴而全面统筹专家资源，联动高等职业院校师生，组建起多专业多领域的乡村振兴示范带专家服务队，可以有效地解决乡村存在的农业技术和产业发展缺乏指导、农村实用人才缺乏培育引导、农村公共服务较为薄弱、科技成果难以转化推广等问题。通过开展乡村振兴示范带服务，引导人才向农村基层一线集聚，推动技术、政策、信息等要素流向农村和农业经营主体，发挥专家服务基层作用，推动项目落地和区域产业升级。

以广东清远为例，为全面统筹专家资源，建立常态化服务乡村振兴示范带的专业人才队伍，清远市农学会组建了8支清远市乡村振兴示范带专家服务队。专家服务队以"引专家、强服务、育人才、兴产业、促增收"为主要内容，成员包括高校教授、技术研究员、市内专家和优秀技术能手等，研究领域涵盖茶叶、果树、蔬菜、水稻、畜牧、水产、食用菌、中药材、农产品贮藏保鲜加工、电子商务、智慧农业、经营管理、金融服务、农业旅游、观赏园艺、风景园林、森林保护、生态评价与规划、法律、医疗、教育等。由13位来自华南农业大学、仲恺农业工程学院、佛山科学技术学院、广东省农业科学院的高层次人才，20位来自每个县区的专家服务队员组成专家服务队，开展农业技术、农村电商、农产品销售、农旅融合等人才培养服务，参与清远市"粤菜师傅""广东技工""南粤家政"三项人才培养品牌工程，全面推进农村电商发展，为乡村振兴培育输送大量实用型人才。通过农业专家的技术指导和龙头企业的带动，提高了农业生产的技术水平，扩大了香菇、大豆等的种植面积与生产规模。在政府牵头引导下，结合乡村规划治理方面专家团队的专业建议，清

农业产业专家指导丝苗米种植（来源：连南瑶族自治县人民政府）

远市14 841个村庄已全部完成农村人居环境"三清理、三拆除、三整治"，陆续创建"整洁村、示范村、特色村、生态村、美丽田园"等不同梯度的美丽乡村。

（2）乡贤帮扶，助力示范带添砖加瓦

"乡贤"原指乡村内德高望重、受人敬仰的人。新时代，"乡贤"被赋予特殊含义，凡是能为乡村宏伟事业建言献策的人均可被称为"乡贤"。"新乡贤"，即中国农村优秀基层干部、道德模范、身边好人等先进典型，成长于乡土、奉献于乡里，在乡民邻里间威望高、口碑好。新乡贤群体已经在中国社会的经济、政治、文化、卫生、体育等各个领域发挥着重要作用，也呈现出三种乡贤回乡助力乡村振兴的方式，主要有回乡创业、投资产业、退休干部或教师

领航
解码广东乡村振兴示范带

清远市阳山县乡村工匠参与乡村建设（来源：连南瑶族自治县人民政府）

等领域优秀人才回乡参与乡村治理、乡村建设等。例如，梅州市梅县区丙雁松乡村振兴示范带积极探索"村党组织负责、村自治组织协同、群众参与、法治保障"模式，建立村民理事会，发动村民、乡贤等共谋乡村项目、共建美丽乡村、共享美好家园。深入挖掘客家传统优秀农耕文化蕴含的思想观念、人文精神、道德规范，广泛开展"梅州好人""客都新乡贤"等评选宣传活动，推动形成文明乡风、良好家风、淳朴民风。又如，广东省清远市阳山县一大学生返乡创业，以自己的专业知识及技能带领、培训一批农民工匠建设自己的家园。这位本土乡村工匠带头人通过不断摸索及突破，熟知村民的生活生产习惯及喜好，在乡村景观打造上创意频出，并培训了一批懂农民、爱乡村、有技术的乡村工匠。

（3）村民参与，推动示范带共建共享

习近平总书记强调："乡村建设是为农民而建，必须真正把好事办好、把实事办实。"乡村建设建什么、怎么建、建成什么样，农民最有发言权。广大

农村千差万别，乡村建设如何聚焦农民的急难愁盼，如何顺应乡村发展规律，如何调动农民积极性？

农民盼什么，乡村建什么，好事办到乡亲们心坎上。要让村民实实在在受益，就要坚持农民主体地位。现阶段，一方面，村民在乡村建设的过程中投入积极性不高，存在"干部埋头干，村民站着看"难题；另一方面，在乡村项目工程的推进过程中，往往会因各利益主体的诉求不同而容易出现少数村民利益难以满足的情况，从而影响整体项目实施进度及效果；再者，由于乡村建设过程中的工作组织方法和推进方式不合理，导致项目滞后、成本高、建设成效不佳、村民满意度降低等问题。因此，鼓励群众深入参与到乡村建设的各项事业中，不仅可以降低乡村建设的决策成本、沟通成本、投资成本等，还可以有效与后期管护运营联动，有效解决部分长效管护问题，更重要的是可以提高群众的满意度和幸福感。

坚持农民主体地位，就要充分尊重农民意愿，善于发挥基层党组织作用，善于调动农民的积极性、主动性、创造性。例如，清远市连樟村创新美好环境与幸福生活共同缔造的工作方式。一是以党建为核心、村民为主体建立议事决策共谋机制。按照议事决策流程，提事—议事—决事，扩大基层党的组织和工作，通过村级党组织带领村级基层组织开展村容村貌整治及村庄公益事业建设。二是开展对标创建、多维协作的共建方式。对标清远市美丽乡村"五个梯度"标准，由村民理事会带头，组织村小组申报、拆改、建设、维护，充分调动村民的积极性。三是形成长效机制、相互监督的共管机制。连樟村设立公共账户监督机制，成立监督委员会，全程监督账户使用情况，定期开展廉政专项督查，受理村民投诉。四是建立政府+村民的共评共选机制。由政府主导，出台相应的考核政策文件及标准，形成美丽乡村"建设验收"机制，村民共同参与考评；另一方面，村级组织评比"三好家庭""最美家庭""最美庭院"等，营造"比、学、赶、帮、超"互动评比氛围。

领航
解码广东乡村振兴示范带

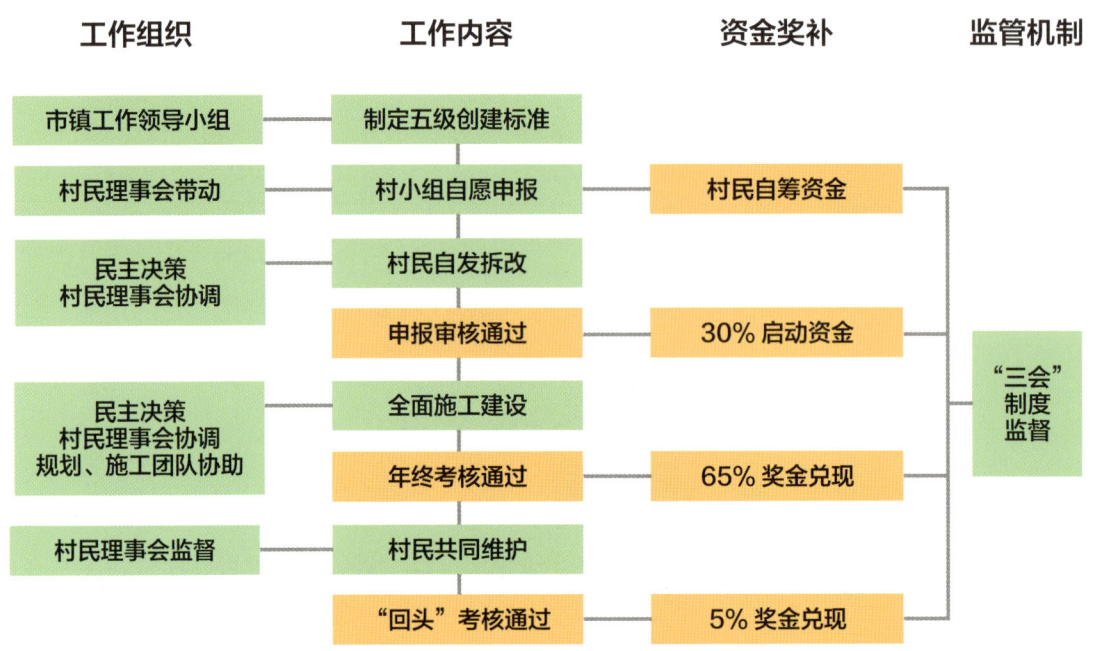

英德市连樟村乡村建设项目组织流程图

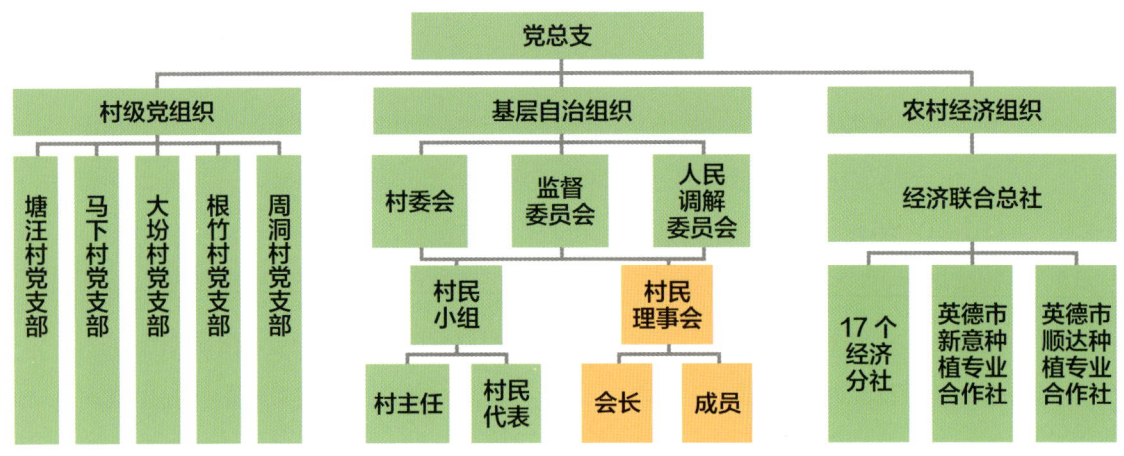

英德市连樟村村级组织体系

英德市连樟村共谋共商共建共享共评工作现场

坚持农民主体地位，就要将美丽环境转变为美丽经济。引导农民通过土地资源入股、租赁、服务等方式，参与乡村旅游、休闲农业和特色农业，逐步把美丽乡村转化为美丽经济，有效辐射带动村民致富增收，实现美丽经济共享，村民"想发展、要发展"的劲头越来越足。

浙江省于2008年先后出台若干关于美丽乡村建设的政策意见，并于2013年在此基础上开创性地提出建设美丽乡村精品线路与精品区块政策，实现由点到线再到面的全域打造。在全国范围内，浙江省最早开始探索研究美丽乡村精品线路等乡村线性空间，并形成较为成熟的实践经验。

广东省紧跟其步伐，借鉴浙江、四川、安徽等多省的经验，探索创新乡村振兴示范带的建设手法，将沿线的"美丽资源""美丽乡村"转化为"美丽经

第四章 成功案例有哪些？

济"。经过近3年的探索，广东省部分地方的建设工程已基本竣工，初显成效，如茂名的"精彩100里"、佛山的"百里芳华"、博罗的"七星耀罗浮"等，整合优势资源，实现城乡融合，衔接脱贫攻坚与乡村振兴，成为各地参考和学习的样板。

本章分享广州派潭、肇庆封开、清远连南等乡村振兴示范带案例，思考研究成功的乡村振兴示范带应如何开展工作，其工作重点和"成功秘笈"有哪些。

领航
解码广东乡村振兴示范带

第一节　增城区派潭镇乡村振兴示范带
——吾乡派潭

一派灵山千古秀，七仙潭水万年流。

派潭月色（来源：派潭镇人民政府，陈汉添摄）

吾乡派潭乡村振兴示范带位于广州市增城区派潭镇——北回归线上的瑰丽翡翠。作为珠三角地区的"绿肺"，其森林覆盖率达到71.67%，拥有白水寨、大封门等景区，坐拥龙鳞石、火山颈等十大自然奇迹，是南亚热带物种的基因库、省级地质公园，背靠优越的生态资源和中国大陆第一飞瀑之称的白水仙瀑，成功打造了国家AAAA级旅游景区。同时，自北宋至今的千年历史为其积累了深厚的文化底蕴，共拥有古村落、古建筑、近现代重要史迹等42个物质文化资源点，以及舞貔貅、凉粉制作技艺等9项非物质文化遗产。

派潭荣获国家级称号5个（全国重点镇、全国美丽宜居小镇、国家卫生镇、全国特色景观旅游名镇、中国十大文化休闲旅游镇），省级称号3个（广东省森林小镇、广东省特色小镇、广东省文明镇），2019年成功入选全国综合实力千强镇。

北回归线上的瑰丽翡翠（来源：派潭镇人民政府，郭伟新摄）

派潭历史

领航
解码广东乡村振兴示范带

广东省城乡规划设计研究院乡村振兴中心团队2021年参与派潭镇乡村振兴示范带总体规划，围绕派潭镇资源禀赋优势，抓住增城创建国家全域旅游示范区、国家城乡融合发展试验区、全国县区乡村振兴引领区的机遇，规划以"一河连珠显风貌，五带示范共发展"空间格局打造"吾乡派潭"乡村振兴示范带，包含白水仙瀑、灵山秀水、凤凰秘境、吾乡派潭和大田元语五条示范带。示范带依托派潭河、增派公路为主线，高滩河、灵山河、车洞河、小迳河和高埔河为支线，串联28个行政村，总长约67.2千米。

派潭镇首期率先打造北部白水仙瀑乡村振兴示范带，用10个月的时间依托北部白水寨AAAA级景区、森林海旅游度假区和派潭生命健康小镇等优质资源打造广州增城北部振兴的"派潭样板"，串联东洞村、上九陂村、高滩村等6个行政村，全长约12.6千米，规划辐射超50平方千米，带动8家星级酒店、135家精品民宿、66家农家乐、农业种植等"农文旅"产业深度融合，实现产业发展、集体增收、农民共富。2021年，派潭接待游客达500万人次，创造旅游价值约14亿元，住宿业营业额超4.5亿元，带动本地村民就近就业创业超1万人，推动农民年人均纯收入达3.1万元。2021年，派潭镇代表广州市参加广东省第二届"乡村振兴大擂台"，最终获得全省六强镇、特色产业示范镇、网络人气奖和爱心企业奖四项殊荣。

派潭镇乡村振兴示范带以村促产、以产兴村的特色模式值得全面学习。

白水仙瀑
（来源：派潭镇人民政府）

（1）"强化示范，服务到位"——争创国家AAAAA级景区，不断完善旅游设施

派潭北部强化白水仙瀑核心旅游IP，以白水仙瀑创国家AAAAA级景区为抓手，强化生态旅游龙头产业的辐射效应。以共同开拓"合作+"的新模式，多维创建适合游客需求的季节性旅游体验，引入森林海省级旅游度假区、生命健康小镇、星级酒店等项目建设，推动温泉康养、高端住宿、特色美食、体育运动、水上乐园、文化体验等产业融合发展。

仙瀑倩影（来源：派潭镇人民政府，郑汉光摄）

"项目为王"，优化旅游环境，提升服务质量，结合生活服务、公共服务和景区环境等需求，配套完善的旅游服务设施。规划投资约20亿元完善旅游配套基础设施，建设11个交通路网、白水寨片区综合风貌提升、派潭新客运站、白水寨游客换乘中心等项目。优先做好道路交通规划，构建"一环五圈"的道路框架，形成外环嵌内环的路网体系，实现景村连通、全域"慢游"。北连白水仙瀑景区、南至邓村吾乡石屋民宿的高岳公路被中国公路学会认证为"2019年全国美丽乡村路"。

领航
解码广东乡村振兴示范带

2019年全国美丽乡村路：高岳公路（来源：派潭镇人民政府，刘厚廷摄）

（2）"以水为媒，夜间经济"——高标准打造派潭河万里碧道

背靠白水仙瀑景区品牌，山湖大环线为依托，建设20千米"水清岸绿景美"派潭河万里碧道，实现现状散布的湖库水系完全串联，释放生态旅游价值。通过"点-线-面"有机串联，形成2条东西景观岸线、5个特色空间、9个景观节点的生态景观空间。目前已完成6千米碧道建设，2023年将投入约2.7亿元，继续对派潭河北部背阴村至高滩村段进行综合整治，对派潭河南部开启碧

湖光山色（来源：派潭镇人民政府，刘剑辉摄）

道建设。

依托碧道策划一条聚集旅游、健康、购物、文化四大消费的夜间游览线路，实现派潭镇北中南部成熟旅游项目的紧密互动，共同打造"吾乡派潭"夜间经济品牌。利用夜经济开发模式唤醒沉睡的乡村资源，在线路起点打造社会投资约6000万元的上九陂村"湾区民宿第一村"，在线路终点打造政企投资约3.6亿元的派潭民国风貌骑楼老街，以东洞村为核心打造夜经济示范区，以1个大型灯光互动景观秀、1次温泉养生健康运动、1场民间乡村艺术实景演出、1条名品乡味美食商业街、1条集聚现代潮流与历史文化的百年老街和1条浪漫梦幻的长廊栈道等七大体验全面开发夜经济产业。

派潭河夜经济开发模式图

（3）"农业升级，农旅融合"——加快土地向规模化、集约化流转

积极推进土地流转工作，发动镇、村、社干部扎实开展调查摸底，结合规划团队的实地调查研究，制订完成44 500亩土地流转工作目标，已完成33 000亩土地流转。把有效的土地整合起来用在发展高附加值特色农业上，培育促进农村第一、二、三产业融合发展的主平台和新引擎。成功创建省级"一村一品"专业村3个、粤港澳"菜篮子"项目5个，建设农业企业109家、规模养殖场1家、农民专业合作社36家、家庭农场25家。重点引进万果小镇、丰乐乡村综合体、南方乡村振兴综合体、大田元语文旅等12个以农业为基础、农业与旅游业融合发展的乡村振兴项目，计划总投资约42亿元，其中7个已动工建设。

丰收乐（来源：派潭镇人民政府，黄炳锟摄）乐开怀（来源：派潭镇人民政府，关思源摄）

南方乡村振兴综合体效果图（来源：派潭镇人民政府）

为破解当前农村设施化水平低、生产效率不高、产品竞争力不强和特色农业不突出等问题，派潭特色农业发展"以精取胜"，不仅引入高新农业科技，并定期安排专业技术人员现场指导农民，邀请高校教授到田间地头授课，实现贫瘠土地变身为沃野良田。旅游业则提高了农业附加值，把农产品变成消费品，抵达高端消费群体餐桌，成为高附加值产品。当地农户每月人均收入超6 000元，这比在附近务工收入提升了近1 000元，还实现了"家门口"就业，"农旅融合"让农民实现增收致富。

又是荔熟时
（来源：派潭镇人民政府，巢金红摄）

又是丰收年
（来源：派潭镇人民政府，巢金红摄）

（4）"村庄盘活，民宿小镇"——塑造派潭特色美丽乡村风貌

派潭镇围绕生态旅游，全面建设乡村生态宜居环境。全镇36个行政村达到省定美丽宜居村标准，10个行政村达到省定特色精品村标准，成功创建13个市级美丽乡村和13个区级美丽乡村。其中，上九陂村被文化和旅游部授予"中国乡村旅游模范村"称号，邓村被评为"广东美丽乡村特色村"，大田围村、派潭村和小迳村被评为"市级美丽乡村特色精品村"。下一步计划投入超过5.64亿元，不断推进农村垃圾、污水、公厕"三大革命"，"四小园"创建，农房风貌提升及市级美丽乡村建设等工作。

领航
解码广东乡村振兴示范带

上九陂村（来源：派潭镇人民政府）

邓村

结合村庄建设与古村落盘活,着力发展民宿产业,打造派潭民宿品牌。上九陂村的北山社把农村住房建设与旧村改造、美丽乡村建设相结合,将约8 000平方米的旧村泥砖房、危房、空心房全部拆除,新建42套联排住宅,用于经营乡村旅游民宿,并申请挂牌"万家旅舍"。上九陂村因此成为远近闻名的万家旅舍示范村。

派潭福地:万家旅舍民宿
(来源:派潭镇人民政府,彭庆凯摄)

派潭邓村石屋古建筑群通过建筑保护、风貌传承、闲置盘活、配套提升等方式,建成了广州第一家古村落精品民宿——吾乡石屋,走出了一条"政府主导、村企合作、村民参与""活态保护、可持续发展"的乡村古迹保护之路。民宿修旧如旧还原客家风情,创新如新融合古今特色,舞貔貅、唱客家山歌等原汁原味的客家民俗活动丰富游客体验,浓郁的客家文化底蕴吸引了一批批游客慕名而来。吾乡石屋的成功改造加快了派潭镇内其他古村落的改造步伐。

领航
解码广东乡村振兴示范带

邓村吾乡石屋门口

邓村吾乡石屋全景（来源：派潭镇人民政府）

  示范带内目前建成乡村民宿135家，其中宛若故里（稻田里）、阅季、慕吉云溪、慕吉云所、和客、探云田居、吾乡石屋等高端精品民宿深受市场热捧，年创收过亿元，推动派潭镇民宿进入2.0时代，使其一举成为全省首个"广东省乡村民宿示范镇"。2021年，吾乡石屋、探云田居、麦客和客精品民宿成为广州首批旅游等级民宿。2022年重点建设的麦客72House民宿也成功坐落于派潭镇佳松岭村。未来，一栋栋特色民宿将陆续在派潭镇内建成，带动村庄建设提升、村内资源盘活、村民增收致富。

麦客72House民宿（来源：派潭镇人民政府）

（5）"项目落地、农民增收"——聚集合力提供坚实的保障机制

<u>加大土地资源整合力度，增强推动项目落地的预应力</u>。派潭镇未雨绸缪，做好"筑巢引凤"文章，提前整合流转项目用地，为项目落地大大节省成本。

一是集中整合资源。鼓励支持各行政村发动各合作社从村民手中集中整合有关用地资源，统一交由村经济联社实施对外招商，大大提升了供地效率。二是加强用地收储。高效整合土地，鼓励村民流转闲置土地，政府牵头收储一批土地，为项目建设用地需求提供坚实保障。三是引导村民参与。推行"企业+村集体+租金""企业+村民技术入股+工资收入+分红""企业+村民土地入股+保底租金+超额分红"等多种利益分享模式，构建更加公平的效益分摊机制，同时，结合土地流转财政补贴政策实施工作，大力宣传"土地流转成就生活富裕"的发展态势，积极营造浓厚的土地流转工作氛围。

领航
解码广东乡村振兴示范带

大地色块（来源：派潭镇人民政府，彭庆凯摄）

加大资金筹措渠道，增强项目实施建设的保障力。派潭镇积极拓宽资金筹集的渠道，引导工商资本真正下乡"务农"。用好财政"小资金"撬动社会"大资本"，提高资金使用效益。

一是落实2020年中央财政农村综合改革转移支付（第三批）农房管控和乡村风貌提升专项资金1 000万元，对东洞村、高滩村等9个行政村进行相关农房外立面统一整饰以及乡村环境综合整治。二是落实区级乡村振兴专项资金逾1亿元，支持乡村农房外立面改造、乡村道路景观提升、乡村水环境综合整治等一系列乡村风貌提升工作。三是落实东洞村环境综合整治资金近5 000万元，对东洞村实行农房外立面统一改造、重要节点环境综合提升及三线下地专项整治。四是拟落实乡村发展补助资金约3 000万元，对东洞村、背阴村、高滩村、邓村等村落及沿主干道农房外立面进行统一整饰。五是借助"万企帮万村"平台，发动企业广泛参与乡村风貌提升工作，如广东嘉得诚农业科技发展公司和广州福联农业科技发展有限公司，分别把邓村和东洞村农房整饰等村容村貌提升工作纳入产业发展规划，为乡村风貌提升工作注入社会力量。

◈ 第四章 成功案例有哪些？

邓村外立面统一改造

加大招商引资力度，增强推动项目落户的牵引力。派潭镇努力改善投资环境，增强企业投资信心，推动派潭成为生态旅游产业投资热土。

一是积极开展"平台"招商。借助招商现场会、"乡贤会"等各类招商平台开展招商工作，全力做好投资意向企业跟踪服务，为投资意向企业提供最全面、最真实的投资环境信息。二是营造浓厚的投资氛围。借助《广东省大擂台》《乡村振兴纪事》《增城区大擂台》等媒体平台，积极发动派潭投资企业代表"现身说法"，让亲历者变成"代言人"，更有效地反映派潭优越的生态旅游投资态势。

加大联农带农力度，增强推动农民增收致富的作用力。派潭镇积极探索实施"企业+村社+农户"的联农带农惠农共享发展机制，通过项目建设带动周边村庄发展，进一步增加村集体收入，带动农民共同致富。

一是强化要素收益。通过推动用地资源规模流转和集中经营，让村集体和农民获得土地租金和土地流转政策性补贴等收入，积极推行更加灵活的"土地入股分红"模式,让村集体和农民享受更充分的产业发展红利。二是强化就业收益。把本地农村富余劳动力就业与产业发展进行适度捆绑,促进农民实现在家门口就业,同时,落实"就业+系统培训"举措,促进农民专业素养持续提升,形成个人素养和工资收入互促互进的良性循环。三是强化经营性收益。鼓励支持本地村民充分利用生态旅游企业带来客流等红利,以"轻经营"方式加入产业发展,如利用闲置农房改造民宿、农家乐或特产店等,从而增加经营性收入,同时,引导村民建立专业合作社,进一步增强集聚效应和行业竞争力,更充分分享发展成果。

山居晚秋图(来源:派潭镇人民政府,姚高育摄)

第二节 连南瑶族自治县乡村振兴示范带
——瑶山那抹红

连南瑶族自治县融合当地特色资源、自然风光、地域文化、传说故事，打造"瑶山那抹红"主题示范带。该乡村振兴示范带从2020年9月开始谋划，2021年5月份启动建设实施，8月份基本完成建设，目前取得显著成效。示范带建设过程中多措并举、开拓创新，构建产业驱动、绿色发展、民族特色、人才培育、党建引领"五大乡村振兴模式"，聚焦产业、人才、文化、生态、组织"五大振兴"，结合建筑风貌本土化、节点空间品质化、美丽乡村景区化、慢行绿道精品化、乡村产业特色化"五大实施手段"，精心打造了一条民族特色鲜明的"瑶山那抹红"乡村振兴示范带。

"瑶山那抹红"乡村振兴示范带全长100千米，从三江镇金坑村至大麦山镇黄莲村，沿省道S261串珠成链，带动沿线5个镇、60个行政村，联农带农11万人，是连南推进民族地区高质量发展的重大平台。

其中，已建段长50.2千米，起于金坑村，终于墩龙瑶寨（连水村），串联金坑乡村振兴学院、稻鱼茶省级现代农业产业园、万山朝王国家石漠公园、南岗千年瑶寨等25个特色节点，推动产业、人才、文化、生态、组织"五大振兴"。

领航

解码广东乡村振兴示范带

"瑶山那抹红"乡村振兴示范带空间格局

（1）以省级园区驱动产业振兴

连南瑶族自治县形成食用菌、茶叶、稻田鱼三大特色产业，成功创建2个省级现代农业产业园，培育连南大叶茶、连南高山稻香米、瑶山香菇、无花果、稻田鱼5个全国名特优新农产品，获得3个国家地理标志认证，创建2个省级名特优新农产品公共区域品牌以及3个"粤字号"农产品品牌。

其中，稻鱼茶省级现代农业产业园2021年总产值高达14亿元，联农带农一万余户，产业园区农民人均收入水平达到17 000元以上，高出全县平均收入20%以上。

连南鹿鸣稻丰谷（来源：连南瑶族自治县人民政府）

（2）以绿色发展推动生态振兴

连南瑶族自治县以万山朝王国家石漠公园、瑶排梯田国家湿地公园两个"国字号"和大鲵、板洞省级自然保护区两个"省字号"品牌为载体，构建绿色发展新标杆，持续40余年推进石漠化地区生态修复治理，变石山为青山。目前，全县森林覆盖率达83.8%，空气质量优良率达100%。

10年来，统筹投入21.12亿元大力改善农村生产生活条件，全县617个自然

领航
解码广东乡村振兴示范带

万山朝王国家石漠公园（来源：连南瑶族自治县人民政府）

瑶排梯田国家湿地公园（来源：连南瑶族自治县人民政府）

板洞省级自然保护区（来源：连南瑶族自治县人民政府）

村基本达到干净整洁村标准。全县美丽乡村建成率94.8%，在全省考核中位居粤北地区第六、全市第二。

建筑风貌提升工程以一村一特色、瑶汉各显其美为原则，对香花上村、铜锣营村、瓦角冲村、金坑村、坑口村等43个自然村进行建筑分类，并分别对精品建筑提升和建筑风貌管控区进行打造、改造。

瓦角冲村瑶族民居建筑风貌显著提升（来源：连南瑶族自治县人民政府）

领航
解码广东乡村振兴示范带

瓦角冲村入口空间设计图

结合石泉公园、狮子山等主要景观节点，依托丰富自然资源，打造示范带起点、重要入口空间、十字路口特色空间等多项景观设计，在有效引导游客游览的同时，展示和宣传连南乡村振兴成效。

（3）以民族特色撬动文化振兴

连南瑶族自治县是广东少数民族人口最多的自治县，也是全国唯一的排瑶聚居县，瑶族文化特别浓郁，被评为"中国民间文化艺术之乡""广东省全域旅游示范区"。

连南瑶族自治县成功申请了耍歌堂、长鼓舞、瑶族婚俗3项国家级非物质文化遗产，连南瑶族服饰刺绣等8项省级非物质文化遗产，以及南岗千年瑶寨、墩龙瑶寨、油岭古寨、红星移民新村、金坑自然村、大竹湾小横龙村、福彩新村7个中国少数民族特色村寨，创建了1个AAAAA级景区和1个AAAA级景区。

连南瑶族自治县共搭建省级、县级非遗传承平台13个，2021年共举办56场非遗传承活动，超过5 000名在校中小学生掌握非遗技艺，带动全县贫困户、妇女近1 500人就业，其中瑶绣非遗一项就实现创收约500万元。

2022年上半年，全县累计接待游客48.24万人次，旅游综合收入3.05亿元，旅游业实现逆势增长。

◎ 第四章 成功案例有哪些？

耍歌堂（来源：连南瑶族自治县人民政府）

瑶族婚俗（来源：连南瑶族自治县人民政府）

135

领航
解码广东乡村振兴示范带

南岗千年瑶寨
（来源：连南瑶族自治县人民政府）

（4）以梯度雁阵联动人才振兴

创新一体化全链条人才培育模式，构建头雁、党员、干部、人才四个雁阵梯队，大力培育新型职业农民、巾帼农民企业家、非遗传承带头人等，引入乡村振兴源头活水，夯实人才振兴基础。

乡村振兴馆
（来源：连南瑶族自治县人民政府）

（5）以党建引领带动组织振兴

连南瑶族自治县建立健全"两化两员"（网格化+信息化、网格员+信息员）基层社会治理模式，建成并优化网格287个，组建网格员、信息员队伍2 000多人。

"党组织+瑶老"的民族地区基层治理模式，实现了99%的基层调解成功率，被评为"全国创新社会治理典型案例"。该县还获评全国民族团结进步示范区、广东省瑶老人民调解示范县、2021年基层社会治理创新县。

"党组织＋瑶老"基层治理模式（来源：连南瑶族自治县人民政府）

第三节　肇庆市封开县乡村振兴示范带
——贺江碧道画廊

贺江碧道画廊乡村振兴示范带位于两广接壤地区，涵盖封开、怀集两县共11个乡镇，全长124千米，其中封开段38千米，包括江口镇、大洲镇、都平镇共12个行政村，青山含黛、碧江绕村、山水田园、林湖湾岛。为了重现古道繁华，封开县累计投入各类资金5.6亿元，实施了生态、产业、文化等各类乡村振兴项目246个，打造了一批美丽宜居特色精品村，以"带"绘廊，以"道"为媒，以"村"点睛，描绘出湾区最美的岭南山水特色碧道画廊。

2019年项目开展以来，广东省城乡规划设计研究院乡村振兴中心团队积极参与贺江碧道画廊的规划设计与实施过程，全过程采用"省地联动"+"专业融合"的乡村振兴模式：由省发动，市主导，县、镇执行，集合省市级单位联

日出第一湾——台洞村江边（来源：封开县人民政府）

合编制，坚持规划、建筑、景观、工程多专业融合，探索出了一种综合村庄规划、风貌整治设计、道路景观设计、碧道设计、片区概念设计、建筑设计等多类型、不同深度的复合型、实施型规划。

规划从三个层面引领示范带建设。一是以"路"为廊、以"水"为链，通过示范带总体规划设计，引领封开省际廊道实现陆道、水道、赛道、碧道、古驿道、绿道"六道合一"，合称为"贺道"，取位于贺江畔和庆贺、庆祝等吉祥寓意。二是以"带"绘廊，以"村"点睛，通过示范带沿线风貌提升指引，从沿线到村庄合力描绘"贺江碧道画廊"。三是以"道"兴产、以"道"兴村，通过产业规划联动项目策划，实现乡村最美"林下经济"。

《省际廊道（肇庆段）乡村振兴示范带提升规划及风貌提升设计指引》系列项目获2021年度广东省优秀城乡规划设计项目一等奖；贺江碧道画廊入选2022"广东省林长绿美园"、2021"中国体育旅游精品景区"（广东唯一）、2020"肇庆廊道源流历史文化游径"、第二届"广东美丽乡村精品线路"、2019"广东省乡村旅游精品线路"，成为广东省首批技术工人疗休养基地，同时助力封开县获评第三批"广东省全域旅游示范区"；大洲镇入选第二届乡村振兴大擂台"十强镇"，大洲镇东畔村入选"广东省文化和旅游特色村""全国乡村旅游扶贫精品案例"，江口街道台洞村入选"全国乡村旅游重点村"。

（1）党建引领作用强

封开县党委、政府历届班子高度重视乡村振兴，对习近平总书记提出的"绿水青山就是金山银山"理念有着深刻的认识，始终把乡村振兴摆在优先发展的战略地位，把乡村振兴工作纳入全县经济与社会发展的总体规划之中，强化政府职能，履行政府职责，把创建广东省十大乡村振兴示范带作为"三农"工作重点和可持续发展战略的重要举措来抓，以此提升封开县乡村经济文化水平，推动乡村发展迈向现代化。

各镇（街）驻镇工作队在对镇情、村情、民情充分调研分析的基础上，全面分析现状和发展趋势，围绕产业兴旺、生态宜居、乡风文明、治理有效、生

领航
解码广东乡村振兴示范带

贺江碧道画廊入口——广佛肇高速扶来村出口标志节点
（来源：封开县人民政府）

活富裕的总要求，聚焦"脱贫攻坚成果、镇村公共基础设施、镇域公共服务能力、乡村产业发展、抓党建促乡村振兴"五大提升点，系统谋划镇域规划。

封开县充分发挥基层党组织战斗堡垒和党员先锋模范作用，持续开展"念乡情、建乡村""义务劳动日"等志愿活动，发动村民投工投劳、捐资捐物、主动让地，实现"党员带头干、村民跟着干"。同时组建党建服务、建设发展、社会事务、依法治理"四大中心"，积极探索省际社会治理"六联机制"。示范带党工委、街道办充分发挥基层党组织的坚强战斗堡垒作用，通过村党支部带动，引导党员干部、村民理事会、乡贤等率先垂范，带动群众积极主动参与农村人居环境整治。其中，大洲镇党委获评"全国先进基层党组织"，并入选"全省乡村治理示范镇"，大洲派出所创建为广东省"枫桥式公安派出所"。

为了弘扬革命精神，培育和践行社会主义核心价值观，延续优良的历史文化传统，更好开展爱国主义和传统教育，封开县对乡村红色资源和革命遗址加以修缮保护，推进红色阵地建设，促进了乡村红色资源连片发展。2021年以来，封开县将红色教育阵地建设作为推进乡村振兴发展的重要举措，筹措资金836万元，修缮了一批革命遗址，建成了多处红色教育基地，为深入开展党史学习教育、爱国主义教育提供了有效载体和广阔平台。

（2）乡村产业发展好

近年来，封开县大力发展"一村一品、一镇一业"，连片发展水果、蔬菜等特色产业，并始终坚持把农产品质量放在首位，不断加强品种培育和质量管控，努力实现农业与旅游、文化等产业融合发展，建设共享国家战略的振兴带，沿带构建"文化旅游 + 现代农业"特色产业布局。文旅产业布局重点打造：扶来文化旅游特色产业村、龙皇岛两广源流博物馆公园、西畔文化旅游特色产业村；现代农业产业布局重点打造：杏花鸡省级现代农业产业园、励志新村竹荪产业基地、上下罗田兰花基地和上律两广农副产品交易中心。

通过搭建乡村振兴青年人才孵化基地和两广青年创业服务中心，廊道沿线支持引导大学生、乡贤等回乡成立公司9家、专业合作社27个、家庭农场36个、电商平台2个、扶贫车间3个；通过大力发展壮大特色产业，助力脱贫攻坚，建成兰花、竹荪、百香果、秀珍菇等一批产业基地，采用"合作社+基地+农户""经营体+基地+农户+电商平台"等发展模式，推动建设杏花鸡、竹荪、食用菌、兰花、单枞茶、特色粉蕉等一批种养示范基地，将产业建在屋前后，创业可在家里头，就业不出村门口，带动周边60多户贫困户、330名贫困人员就业。

高速口旅游接待中心以及扶来村房车营地（来源：封开县人民政府）

领航
解码广东乡村振兴示范带

结合本地资源禀赋策划新的产业项目,增强乡村内生力量,实现最美林下经济。以励志新村竹荪种植孵化基地为例,在励志新村因地制宜选取大面积的竹林培育竹荪等食用菌,鼓励在外就读的大学生返乡创业,打造集"种植加工—产品展销—品牌餐饮—观光旅游"于一体的现代农业产业链条。以西畔村花卉种植基地为例,东、西畔村隔东安江相望,依托西畔村良好的自然生态基底,科学引导兰花产业进驻,形成兰花种植基地,打造兰花品牌,同时整合区内的东安江、兰花、竹林等自然资源,打造以自然风光、特色农业为主题的摄影写生基地。同时,坚持以创建国家电子商务进农村综合示范县为抓手,建设1个县级电商公共服务中心、16个镇级电商服务站点和28个村级电商服务站点,依托"封味购"等电商平台及上律两广农副产品交易中心,运用"公司+农户+驻村工作队+电商运营团队+自营平台"模式,通过"直播带货"销售本土特色农副产品,推动农产品变商品、收成变收入,带动核心村集体经济收入年均达46万元,农户年人均收入达2万元,分别增长30%、23%。

在国家大力实施乡村振兴战略的背景下,结合粤港澳大湾区、"珠江—西江经济带"等国家政治经济战略元素,通过产业振兴来实现地方的可持续发展,为封开示范带的攻坚扶贫工作打下坚实的基础。

封开县江口镇励志新村电商服务站(来源:封开县人民政府)

(3) 乡风文明向上向善

封开县大力实施"十古"保护工程，依托大洲镇"中国民间文化艺术之乡"，深入挖掘"五马巡城舞""麒麟白马舞""采茶戏"等非遗文化和民间艺术，整理出"潇贺古道""茶船古道""广信文化"三大历史文化名片，并在贺江碧道画廊建设中充分体现历史文化的再现和体验。在"潇贺古道""茶船古道"连接处规划建设两广源流博物馆，用于宣传展示"潇贺古道""茶船古道""广信文化"等历史文化资源，体现封开作为两广重要历史节点的文化脉络。打造了龙皇岛码头公园、广信文化园等特色景点，其中广信文化园创建成为国家AAA级旅游景区，让广大群众享有更加充实、更为丰富、更高质量的精神文化生活，推动乡村文明、乡风转变，进一步提升封开人民的文化自信。

大洲镇龙皇岛
（来源：封开县人民政府）

茶船古道
（来源：封开县人民政府）

领航
解码广东乡村振兴示范带

　　示范带内各镇积极举办开展"送戏下乡"类活动、公益艺术培训，举办文艺演出以及比赛活动，还开展送书下乡类活动、线上线下阅读推广活动、节日文化活动、阅读推广进校园活动、图文展览等，先后筹办了春节篮球赛、拔河比赛、农民丰收节、"最美家庭""星级文明户"等系列评选活动，进一步引导农民群众树立正确的价值导向，培育健康的生活方式，弘扬传统家庭美德，培育优良家风家教，以好家风温润好民风。街道内的社会秩序持续向好，人民群众和谐向上，邻里关系和睦融洽，群众的幸福感、安全感、获得感显著增强。

"我们的节日·七夕"封开县首届巧女活动大赛在江口镇励志新村举行（来源：封开县人民政府）

乡村骑士——碧道画廊2021乡村骑士嘉年华活动（来源：封开县人民政府）

贺江沿岸历史文化悠久，历史文化遗产、遗址和村镇如古城、古驿道、古码头、古建筑等得到有效保护和活化利用，获得肇庆廊道源流历史文化游径、广东省文化和旅游特色村、广东省文化产业赋能乡村振兴典型案例等称号。

（4）乡村环境干净整洁

封开县统筹安排各镇奖补资金支持推进农村风貌微改造和"四小园"建设，发展乡村美丽经济。各自然村均配有农村生活污水处理设施，配合雨污分流管网，有效保证农村水体的干净；新改造户厕使全街道村民拥有无害化化粪池成为现实；补充安装的套太阳能路灯，照亮了农村生活幸福路；禽畜圈养区在提升农村卫生状况的基础上鼓励村民养殖再上新台阶。

县镇政府积极探索建立村庄环境长效管护机制，开展农村人居环境整治暗访检查，靶向整治农村人居环境问题，以"五美"要求治理山水林田湖草沙系统；建立健全"红黑榜"常态化评比制度、村级卫生保洁考核奖惩制度、结对环境整治志愿服务制度、网格化责任区监督管理制度等工作机制，持续广泛推进村

绿水环绕的小村庄（来源：封开县人民政府）

领航

解码广东乡村振兴示范带

庄清洁行动春季战役、夏季战役等；组织开展"八个一"活动，巩固农村人居环境整治三年行动成效，着力解决农村设施设备"重建轻管"、村庄环境卫生"脏乱差"问题。党工委、街道办通过建立健全督查考核长效机制，推动人居环境整治工作落地落实，一是落实层级责任考核机制，二是构建督查考核整改机制，三是推行农户"积分制"奖励；同时，组织开展了农村"最美庭院""星级卫生户""星级文明户"等评选活动，不断增强农户保护人居环境的责任感和荣誉感，让乡村美丽又宜居。

大洲镇上律精品村（来源：封开县人民政府）

在景观风貌提升上，示范带建设注重就地取材。当地盛产竹子，竹子和当地村民的生产、生活都有密切的关联，因此将竹艺竹作推广应用于景观设计中；优选簕杜鹃、格桑花、木棉等本地树种植物作为点缀，优化绿植、丰富色彩；广场的铺装采用当地特有的封开花石材，林间小径则采用"印花水泥"的工艺，营造各种富有特色的公共活动空间。

在外立面风格上，传统村落及周边的建筑立面秉承传统民居建筑风格和岭南文化特色，并进行了适当创新，融合岭南传统历史文化元素，提取"龙舟脊""人字山墙""祥云""宝瓶栏"等古建筑元素，对农房采用"微改造"形式进行统一改造提升，现代村庄建筑则着重于建筑立面的整治和美化提升，串点成线，打造具有地域文化特色、留得住乡愁的乡村风貌景观，让乡村实现华丽蝶变。

● 第四章 成功案例有哪些？

农房风貌改造
（来源：封开县
人民政府）

竹林小道
（来源：封开县
人民政府）

（5）乡村运营规范有序

示范带采用"景村一体，政企协作"的开发运营模式，积极引入国企、大型民企和农业龙头企业参与乡村运营，在政府指导下，成立了封开县贺江碧道旅游发展有限公司，将贺江碧道作为一个大景区运营，实现乡村和景区一体化，乡村管理和设施规范化。

在"景区+企业"方面，旅游开发公司积极招商引资，引入华侨城农旅公司等省内外文旅企业，与封开卡乐农业旅游科技有限公司等封开本土企业合作，内设悦封苑酒店、风水间民宿、贺江别苑民宿。其中，悦封苑酒店为四星级旅游饭店，风水间民宿被评为肇庆市特色民宿和广东省驿道乡村酒店，贺江别苑民宿开放了水上竹筏以及摩托艇等水上项目。

风水间民宿
（来源：封开县人民政府）

贺江碧道画廊沿线美景
（来源：封开县人民政府）

在加强环境整治、风貌提升的同时，积极引入社会资本项目（扶来村美食城和房车营地）、农民合作社、大学生创业项目（励志新村竹荪基地）、古村落保护和文旅项目（西畔古村、两广源流博物馆）等，有效帮助沿线乡村增强发展内生动力和产业"造血"能力，构建起适地性、可持续、多元化的运营模式。

目前，封开县在成功创建广东省全域旅游示范区的基础上，正积极参与更大区域的"粤桂画廊"规划建设，努力作出应有贡献。

（6）初步建成一定规模

根据省委、省政府的决策部署，封开县2019年率先在广东、广西两省区交界处规划建设省际廊道美丽乡村示范带，在空间上主要依托贺江、东安江两条水道，以及国道321、县道450、县道457三条陆路，全长约38千米，包括封开县江口街道、大洲镇、都平镇，涉及12个行政村共142个自然村，覆盖人口约2.5万人；精品旅游段以南岳古驿道和粤菜乡村特色美食为主题，全长约18千米。

目前，贺江碧道画廊已完成建设，成为肇庆乡村振兴、古驿道活化利用的生动实践和亮丽名片，打造了台洞湿地公园、励志碧道公园、大洲龙皇岛古码头公园、两广源流博物馆、贺江第一湾等一批旅游新景点，12个行政村达到省级美丽宜居村标准，沿线景观风貌焕然一新，封开县省际廊道美丽乡村示范带实现了经济效益、文化效益、生态效益和社会效益的有机统一。

岭南古都·省际画廊（来源：封开县人民政府，欧镜开摄）

资金的大批量投入是实现乡村振兴示范带建设的重要基础，同时，如何筹集到相应的财政资金是各示范带需要不断摸索探讨并积极实践的问题。建立多元化投入机制，统筹乡村振兴示范带建设项目资金，优先保障示范带建设项目资金。主要资金来源包括政府扶持、市场支持和群众自筹三个方向。

首先，政府扶持方面：一是采取申报争取到位的债券资金安排投入乡村振兴示范带建设。二是在市级财政扶持、区级财政兜底的基础上，对"四好农

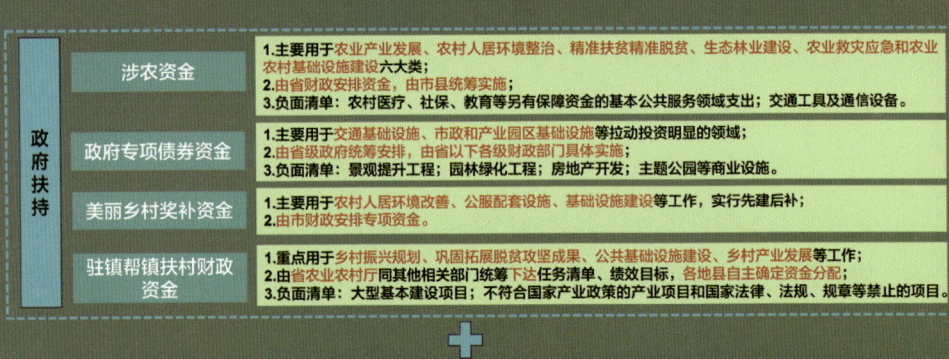

乡村振兴示范带建设资金来源

第五章 建设资金从哪儿来？

村路"、污水处理项目、人居环境整治资金、"厕所革命"、农房管控风貌提升等涉农资金进行统筹，优先投入乡村振兴示范带建设项目。

其次，市场支持方面：一是坚持政府引导、市场主导的工作思路，发挥财政资金杠杆作用，引导企业加大投入建设。二是招引企业投资。加大招商引资，落实优惠政策，吸引社会资本参与，不断增大投入强度。三是引入信贷支持。针对农户自建房屋难以抵押、农户改造资金缺口大等问题，积极对接金融机构，创新推出示范带针对性信贷产品，支持村民与企业落实建设项目、发展乡村产业。四是实行以奖代补。采取安排财政资金和金融信贷产品支持的方式，先完成先奖补，鼓励各户先行先建。

最后，群众自筹方面：一是号召村民捐款捐地。二是发动乡贤捐资出力。三是鼓励社会捐助帮扶。出资、出力支持乡村振兴示范带建设工作，共同建设美好家园。

第一节 政府扶持

一、设置专项财政资金

公平和效率是财政分配中永恒的话题。在保证社会经济发展水平稳步提升的前提下,保持合理基尼系数区间,事关乡村振兴示范带建设的成色。在经济运行进入新常态、财政收入增速放缓、支出负担刚性化的现实背景下统筹规划财力结构,统筹整合涉农资金、提升涉农财政专项资金,尤其是涉农财政专项资金使用绩效,才能保证乡村振兴示范带的顺利建成。

涉农资金统筹整合是政府为进一步健全权责匹配、相互协调、上下联动、步调一致的长效机制。按照统一部署开展的涉农资金统筹整合工作,一般履行以下基本工作流程:整体谋划、项目储备、项目遴选上报、资金安排及项目报备、项目实施和监督管理、绩效评价。其中,市级层面将重点谋划市域内跨县区、跨流域投资项目或需要全市统筹推进的重点工作、重大项目,县级层面要探索集中连片建设等方式,通过政策集成、资金统筹、资源集聚、项目互补,提升资金综合效益。

专项财政资金的设立是乡村振兴示范带建设资金流动的重要举措之一,对此,各示范带积极推进资金链条的打造以及专项财政项目库的建立,为乡村振兴在环境卫生、基础设施、经济保障等方面进行了许多探索及尝试。广州市黄埔区、汕头市澄海区、河源市源城区、梅州市兴宁市、惠州市惠东县、东莞市横沥镇以及茂名市茂南区的实践已经初具成效。

广州市黄埔区自2021年以来,区财政安排乡村振兴相关资金约1亿元直接分解至镇街,专项用于新乡村示范带基础设施、绿化美化、人居环境等建设保障。

近年来，汕头市澄海区筹集各级资金，已先后投入1 330万元推进前美村美丽乡村建设，投入762万元推进樟籍村美丽乡村建设，投入180万元推进后沟村美丽乡村建设，投入约300万元推进上北新乡村美丽乡村建设。2021年，再次筹集资金1 308万元，以后沟村、前美村和上北新乡村3个主体村18个项目建设为重点进行提升建设。汕头市澄海区还为完成陈慈黉故居修缮投入专项财政资金100万元；同时投入资金40万元，对陈慈黉故居郎中第、寿康里抢修加固；启动陈慈黉故居郎中第、寿康里修缮方案编制。在保留外观及主体结构的基础上，对后沟村丽泽斋旁、南厝埕、后沟市场旁、村主干道广场4个公厕内部环境进行升级改造；启动后沟村旅游驿站建设，并在安澄公路、隆南路、村主干道、村道路口和参观路线各点位完成中英双语的旅游指引标识牌设置，进一步完善参观线路配套服务设施。

河源市源城区一是投入2 300万元，完成公共文化活动场所建设23个，项目的建成为群众提供了一个集休闲、娱乐、健身于一体的活动场所。二是投入190万元，完成"四小园"建设约178个，以小美促进乡村大美，以小切口推动大振兴。三是投入1 400万元，高质量完成了示范带的"三清三拆三整治"工作，村庄"脏、乱、差"环境得到明显改善。四是投入350万元，完成坪围村、上村、高围村、埔前村、陂角村等五个村治安监控、广播系统项目建设，群众安全感不断增强，社会治安更加和谐稳定。五是投入170万元，完成农村公共厕所建设10个，厕所革命扎实推进，有力提升公共厕所服务水平，让农民群众生活品质得到切实提升。六是投入2 100万元，建设污水处理设施5个，有效解决农村生活污水污染问题，改善生态环境。

梅州市兴宁市因镇级财政薄弱，投入资金有限，石马镇党委积极与兴宁市委、市政府争取，在上级部门的指导和支持下，统筹整合省级一般债券资金、省定贫困村建设社会主义新农村资金、涉农项目资金等各类专项财政资金共2 715万元，用于整个项目建设，确保资金投入有保障。

惠州市惠东县自2021年6月以来，投入125万元，全面开展农村人居环境整治工作，持续深化全镇12个"干净整洁村"成果。为形成人居环境整治常态化

领航
解码广东乡村振兴示范带

工作机制，自2021年8月开始，采取奖补机制，每月对每个村进行评比，年终进行大评比，在全镇范围内营造比学赶超的良好氛围。长期常态化坚持不懈地努力，使白盆珠镇于2021年12月顺利通过市级卫生镇创建工作验收。同时，全镇农村污水处理设施交由第三方管护，以确保村污水处理设施正常运作。全力推进"厕所革命"，全面排查全镇在家住户厕所，对排查出的23户问题户厕，按"一表两标"造册登记，并完成升级改造工作。目前，白盆珠镇基本完成"三清三拆"工作，投入300多万元实施"四小园"建设，全力打造"三步一景，五步一画"的美丽乡村。

东莞市横沥镇自2019年以来坚持"全域项目化"，镇村累计投入超4亿元，完成242个乡村振兴项目，主干道、村级街头小景和生态农业观光点串珠成链、连点成片，村道路网、建筑立面、生态绿化等乡村风貌明显提升。村尾村围绕"荷塘叶色"文化品牌，坚持以"抓环境建新村""抓环境兴产业""抓环境惠民生"为立足点，以"328"工程（三大板块、两大对接、八项工程）为发展方向，在前期投入资金2 176万元、实施10项乡村振兴建设项目的基础上，继续投入不少于1 500万元建设特色精品村，全面提升村内宜商宜业宜居环境，增强综合竞争力，提高村民幸福感。

东莞横沥镇乡村风貌

第五章 建设资金从哪儿来？

茂名市茂南区"精彩100里"按照"整体规划、分步实施"的原则高位推动，聚焦力量整合，强化政府主导，动员社会力量参与，通过市场化运作，激发了各方资源参与的主动性。2021年，"精彩100里"茂南先行段累计投入1.3亿元建成美丽乡村风貌带12千米；累计投入3.36亿元建成美丽乡村精品带17.8千米。还将投入2.1亿元增设一条12千米的美丽乡村风貌带；拟投入5亿元增设一条30千米的美丽乡村精品带。

在各个示范带对于专项财政资金的设置探索实践过程中，连州市西岸镇在"进士之乡"特色示范带的打造过程中专项资金的运用模式值得我们深入探讨学习。

连州市西岸镇"进士之乡 美丽西岸"乡村振兴示范带按照"四美"的原则，打造环境美、产业美、精神美、生态美的乡村振兴示范带。示范带建设以美丽乡村建设为抓手，以镇区为龙头，主要推进七村、东村、西岸3个行政村协同发展，带动全镇共同推进乡村振兴战略工作提质增效。截至目前，该镇已统筹文化振兴省级示范点500万元、镇区改造600万元、8条特色村建设1 536万

连州西岸镇"进士之乡 美丽西岸"乡村振兴示范带传统建筑

元资金投入其中,又整合风貌示范带独特的历史文化、农业产业、旅游发展资源,引入开发商投资3 000万元发展示范带乡村旅游,让乡村振兴示范带充满了活力,乡村振兴成效显著,群众从中得到更多实惠。

(1)以进士之乡为底色,统筹500万元文化振兴资金投入示范带建设

凭借浓厚的历史文化底蕴,围绕"进士之乡 美丽西岸"主题建设风貌示范带,西岸镇着力提升示范带各村乡村公共文化服务水平,加大公共文化设施建设力度,打造乡村群众文化特色品牌。西岸镇文化站多次举办文化活动,如《连州历代先贤故事》图片展、清远市第四届乡村戏曲节、茶盐古道涂鸦、古村落文化评比等活动;开展"舞马鹿""唱春牛""唱花鼓""采茶戏"等粤北传统民间艺术,村民经常到村中大舞台展演,展示传统文化的韵味;打造西岸文化的一张名片,成为大家踊跃前来学习参观的一个重要文化站点。统筹500万元涉农资金建设东村书院项目、东村古村落东门-西门楼沿线改造项目、东村古戏台广场可视范围的建筑外立面统一改造项目,积极推进了东村文化振兴示范点建设,稳步推进了"进士之乡 美丽西岸"乡村振兴示范带建设。

(2)以镇区扩容提质统筹600万元加快推进示范带建设

围绕"进士之乡 美丽西岸"主题,将现代与乡村元素充分融合,高标准规划设计建设。西岸新区106亩征地已全部完成,建成西岸镇中心卫生院新建综合大楼、"进士大道"、新农贸市场一期、西岸村道及连接桥工程等项目。大力实施镇区改造提升工程,完成了镇区道路拓宽、外立面微改造等多个项目,镇区功能进一步优化完善,镇区面貌得到了极大改善。

(3)以特色村升级改造统筹1 536万元加快推进风貌带建设

西岸镇按照生态宜居的要求,着力推动农村风貌提升,以西岸镇七村、东村、西岸三个行政村为主体,统筹1 536万元资金建设西岸7、8、9队,东村1、2队,以及黄花坪、过水塘、新铺特色村,突出乡村风貌示范带建设,全面推进乡村振兴各项工作。完成七村至西岸村公路沿线村庄外立面改造约4.49万平方米，建设屋顶树脂瓦2 400多平方米、墙绘700多平方米，建设新铺路口到镇区景观绿化带、人行道3.2千米，农村户厕公厕改造提升和"四小园"建设稳步推进。

（4）引入开发商，整合3 000万元发展乡村旅游，带动示范带高速发展

投入300多万元聘请第三方单位承包环境卫生及河道保洁，持续做好示范带人居环境整治，农村保洁覆盖率达100%，卫生厕所普及率达100%，农村宜居宜业水平显著提升。大力推动产业特色发展，产业振兴步伐加快。农旅结合，乡村旅游逐步走热。东村利用村级集体经济发展试点项目200万元发展了生态休闲特色农庄，并于2020年引进了龙头岭生态旅游公司，项目总投资3 000万元，建设农家乐、小别墅、蒸汽大火车、百亩花海、环村小火车、穿越丛林、山地越野车、蹦蹦跳等娱乐项目，意欲将村庄打造成为一个集游玩吃住于一体的综合乡村休闲度假村。该项目预计每年可增加集体收入20多万元，带动村民创业就业约100人。2021年至今到该村的游客已超过5万人次。

连州西岸镇"进士之乡 美丽西岸"乡村振兴示范带田园风光

二、建立财政投入保障机制

建立完善乡村振兴投入保障机制，就要在要素配置上优先满足，在资源条件上优先保障，在公共服务上优先安排，支持农业农村优先发展，稳住农业基本盘。建立健全乡村振兴示范带大事要事的保障制度，指导各地优化资金投向，才能使得财政资金更高效快速地流入最需要的地方，为乡村振兴示范带的建设打通关键点，提高联通整体性。

对此，佛山市、河源市源城区、梅州市大埔县和兴宁市进行了积极的实践探索，制定了多项规章制度以及规范细则，同时，对相关奖惩措施进行了严格的把控和精准的调配，为保障乡村振兴示范带建设资金的公开公平及公正的运转流动提供了实现途径。

佛山市坚持以点带面、串珠成链的思路，全面创新美丽乡村建设机制，启动60个乡村振兴示范村和百里芳华乡村振兴示范带建设，并制订了示范带建设策划方案、示范村建设工作方案，编制了示范带风貌提升实施指引、标识系统建设指引和示范村建设指标体系等，配套市级财政专项资金7.28亿元，按照村居竞争申请、镇级组织打造、市区配套支持的路子进行推进，在组织领导、规划引领、风貌指引、项目建设等环节强化市级统筹，有力推进美丽乡村连片建设。

佛山市"百里芳华"乡村振兴示范带实景

第五章 建设资金从哪儿来？

河源市源城区示范带建设资金管理使用严格按照《关于印发〈源城区扶贫村创建社会主义新农村示范村和全域推进美丽宜居乡村建设专项资金筹集、使用和项目管理暂行办法〉的通知》（源财农〔2018〕72号）文件要求，坚持"专款专用"原则，严格执行项目申报审批流程，杜绝擅自改变资金用途和投向、挪用、虚报套取资金等问题，规范管理项目资金，确保资金在阳光下运行，最大限度发挥财政资金效益。

河源市源城区乡村振兴示范带（来源：河源市源城区人民政府）

梅州市大埔县"六村联动"项目共涉及财政资金2715万元，资金量大，工程数量多，且类型复杂。梅州市高度重视项目实施过程中的廉洁风险和质量风险，通过多项措施，强化对项目实施过程的监督。一是强化程序的规范化。"六村联动"资金使用参照新农村建设奖补资金的使用办法，在项目实施过程中，要求相关村严格按照程序组织实施，确保程序规范，避免暗箱操作的空间。二是加强施工过程的监督。在施工过程中，所有项目均聘用专业的监理公司对施工质量进行监督，同时要求村"两委"、村监委对施工过程进行全程监督，确保质量关。三是充分发挥群众监督作用。在项目实施的过程中，要求村"两委"严格按照"四议两公开"的要求，对所有涉及主动公示的项目资料全部进行公开，确保群众的监督权，并畅通反映问题的渠道，对群众提出的质疑及时回应。在新群村"田园牧歌"段建设过程中，有村民反映民居外立面整治造价过高，接到反映后，相关部门及时进行调查了解。经了解，村民听到的造价是流言，并非项目实际造价。经解释后，村民欣然接受。

三、发挥金融支农作用

农村中小金融机构是我国银行体系的重要组成部分，当前，在乡村振兴示范带建设的关键时期，农村中小金融机构应贯彻新发展理念，坚持高质量发展方向，紧扣服务实体经济、防控金融风险、深化金融改革三大任务，回归本源、专注主业，发挥自身人缘地缘优势和点多面广服务优势，聚焦支持乡村振兴示范带中经济社会发展的薄弱环节，进一步加大有效金融供给，通过国家政策传导和地方配套支持双向发力，更好地推动农村中小金融机构高质量发展，提升农村中小金融机构支农的能力和水平，满足示范带发展日益增长的金融需要。

作为金融支农的重要领域之一，政府专项债券是支持乡村振兴示范带建设的重要一环。专项债发放聚焦强基础、补短板、惠民生的准经营性项目，如交通基础设施、农林水利、生态环保等。对地方政府而言，提早规划策划乡村振兴示范带专项债项目，可以充分发挥好专项债资金的杠杆作用，不断夯实项目落地性，增加申报成功率，策划有实际收益的优质项目优先发行专项债，也可进一步撬动社会资本。

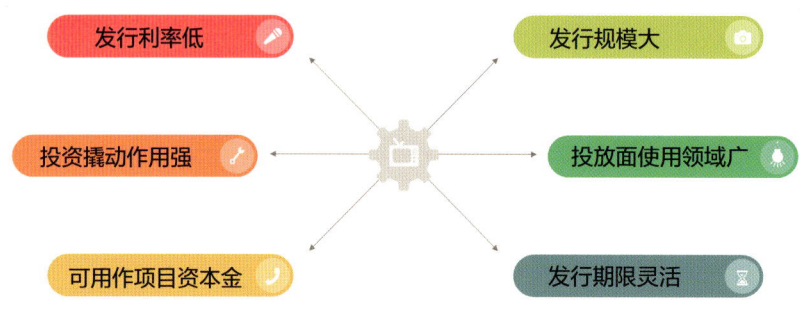

政府专项债六大优势

地方政府在申请金融贷款时，往往会面临全域全要素资产统筹力度不足、优质项目谋划储备力度不足、银行贷款政策解读不深、项目前期准备工作烦琐、实施推进阻力大等问题。在申请金融贷款前，政府首先需要加大资源资金统筹力度，摸清家底，形成全域全要素的资源价值基础。其次，应坚持高水平规划引领，高位统筹重大平台与重大领域，构建高质量的项目储备库。最后，把控规划设计、项目构建、投资融资、工程建设、运营管理全过程，实现更快的工期、更小的风险、更省的投资和更高的品质项目建设目标。

统筹全域全要素资源
推动资源"资产化""资本化""证券化""基金化"，摸清家底，形成全域全要素资源价值基础。加强政府性资源统筹管理，健全国有资产共享共用机制，创新重大项目投融资机制。

高水平规划引领
根据运营逻辑明确发展方向、发展目标、发展内容和发展时序等，科学谋划策划项目。根据重大平台/领域资源要素特征和总体空间布局，落实项目具体空间安排。

把控建设工程全生命周期
整合策划咨询、前期可研、设计、招标、施工、竣工、运营保修等建设工程全生命周期内的服务内容，实现更快的工期更小的风险、更省的投资和更高的品质项目建设目标。

金融贷款申请要点

如何高质量发挥金融支农的作用，如何合理利用好金融行业的红利以促进产业融合、特色农产品的发展，如何将金融支持合情合理合法融入示范带建设中，又如何破解乡村振兴项目的收益困境等等一系列的问题，江门市开平市、茂名市茂南区以及清远市连南瑶族自治县做出了符合自身境遇的示范带建设解答。

江门市开平市为有效提高示范带范围内优质大米、马冈鹅、茶叶、禽蛋四大特色优势农业产业全产业链质量效益及竞争力，出台了《开平市促进四大特色优势农业产业高质量发展若干措施》，从经营主体、土地流转、品牌建设、科技创新、惠农补贴、金融支持、用地支持七方面提供重点扶持，对每家经营主体给予10万~50万元不等的补贴，对耕地流转给予30万~50万元/宗的补贴，对品牌创建给予8万~10万元/个的奖励，对农民及企业进行300~500元/亩的地力增肥补贴，对农民及企业进行50万~1 000万元不等的贷款额度支持等。扶持政策实实在在，有效促进特色农业产业发展，成效显著。

领航
解码广东乡村振兴示范带

茂名市茂南区设立了"风貌贷",用于农房风貌改造,至今投入资金2 000万元以上。茂南区还借先行段的建设,发动全区各镇村进行人居环境整治,其中新坡、山阁、羊角、金塘共投入债券资金8 000万元专项资金用于农村人居环境整治,撬动社会资金投入1.5亿多元,发动全区、镇、村相关人员入村入户带动群众共同整治农村风貌,使农村风貌焕然一新。

清远市连南瑶族自治县加大政府债券的支持力度。在严控地方政府债务风险的前提下,合理用债券支持乡村振兴示范带建设。探索区域项目捆绑制度。鼓励市、县将示范带基础设施建设、农村人居环境整治和乡村风貌提升等公益或准公益性项目与城乡营利性开发项目捆绑,积极破解乡村振兴项目投资收益困局。继续用好"6·30"广东扶贫济困日活动、"千企帮千镇""万企兴万村"等平台。

第二节 市场支持

一、引导国有资本投资

现阶段，国有资本积极响应国家乡村振兴战略，充分发挥其资本运营公司和产融结合平台作用，搭建大规模的乡村振兴示范带投资基金，持续为美丽乡村建设赋能，打造国资国企服务乡村振兴示范带建设的创新样板。在国资引领下，乡村振兴示范带基金放大资源配置功能和产融结合效应，引领和吸纳更多的社会资本投身示范带建设，统筹各方资源办好民生实事，从而增强示范带的自我造血功能，更好地服务广东全域推进乡村振兴示范带建设。

广州市花都区、惠州市惠城区以及茂名市信宜市在如何引导国有资本顺利嵌入乡村振兴示范带建设并实现农村与企业的互惠互利等方面提供了一定的经验思路。

近年来，广州市花都区按照建设"全市、全省乃至全国具有影响力的示范带"的思路，投入财政资金2亿多元，引入保利集团、花卉之都公司、广州怡境国际等企业投入资金近10亿元，高规格组织、高水平谋划、高标准建设花都"花漾年华"乡村振兴示范带。

花都区引入国有资本投资"空中草莓园"

惠州市惠城区为实现项目建设的集约高效，按照"政府主导、企业参与"的原则，明确由区国资局下属国有企业农投公司为业主，建立形成乡村振兴示范带各类项目从立项、设计到施工建设的完整链条，在探索国有企业参与乡村振兴，实现政府、市场、资本、管理等有机融合方面积累了一定的成功经验。

茂名市信宜市作为欠发达偏远山区县级市，建设资金成为项目建设的"瓶颈"。信宜市除了积极有效整合盘活全域旅游、中小河流治理、农村人居环境整治等方面涉农资金外，还注重增强"造血"功能，政府、钧明集团及南越文旅按1∶1的比例投资约4亿元合作开发，引入市场运营方投资，共同建设具有"造血"功能的双合村风貌提升示范村庄，建立开发运营中的村集体和村民收益分红机制，实现政府、村集体、企业运营商"三赢"。

二、引导社会资本参与

社会资本是建设乡村振兴示范带的重要力量之一，是乡村振兴示范带多元化资金来源的重要组成部分。在促进农业科技提升、适度规模化经营、转型升级和产业融合发展方面，社会资本将发挥越来越重要的作用，也将助力乡村的数字建设，提升农村公共服务水平，从而全面推进乡村振兴示范带的建设。

对于社会资本的正确引导以及推动参与，河源市源城区、汕尾市陆丰市、中山市五桂山街道、江门市开平市、茂名市高州市以及清远市清新区主动探索社会资本的运行模式，为社会资本如何高效快速合理化地流入乡村振兴示范带的建设提供了新思路以及指导方向。

乡村要振兴，产业必振兴。河源市源城区坚持把产业发展作为推动脱贫攻坚和乡村振兴有效衔接的重要抓手，因村制宜打造特色产业，在深圳大鹏新区倾情帮扶下，多渠道筹措建设资金约4 000万元发展乡村休闲旅游业，培育了坪围村兰花基地、上村红色文化教育基地、高围村五指毛桃基地、埔前村乐心农场、陂角村蔬香园等一批"公司+基地+农户+旅游"的综合性强、关联度大、产业链长、带动作用明显的主导产业，实现农业与乡村旅游、客家文化等产业深度融合。据统计，2021年，示范带沿线五村集体经济收入超过500万元，成效明显。

中山市五桂山街道为防止出现乡村振兴"只见星星不见月亮"的情况，在引导好现有零星文旅项目规范经营、提升品质的基础上，大力推动具有规模效益的大型文旅项目落地。前期与澳门万国集团、广州怡境国际、香港狮帆集团等深入接洽，目前广州怡境国际、香港狮帆集团已经明确了投资意向，其中香港狮帆集团计划选址桂南果场，打造原生态星空主题文旅项目，首期投入1亿元。

江门市开平市通过全域土地综合整治试点项目，投入资金4.5亿元，交易水田指标收入约7亿元，增值2.5亿元，为示范带建设提供可靠的资金保障。同时，新垦造的优质水田吸纳了香港农业团队开展"鱼菜共生""鱼瓜共生"等江港青年合作创业项目。罗伟特、梁立锋和谭慧敏等三位香港"90后"青年组成的团队创建的开平市广东天菜农业有限公司，位于示范带内的开平市国家现代农业示范区核心区（广东江门国家农业科技园区核心区），公司运营规模为6 200平方米的"鱼菜共生"循环农业植物工厂，蔬菜年产量为300吨，年产值约300万元，带动当地农民就业超过35人。项目于2020年获"供港澳蔬菜生产基地"资质，是开平市第一个供港澳蔬菜生产基地。基地于2020年9月获广州市农业农村局和江门市农业农村局联合认定为"粤港澳大湾区菜篮子生产基地"，并在同年实现纳税，2021年9月单月纳税超30万元，2021年纳税总额超100万元。为扎实推进示范带范围内的乡村产业发展，开平市专门针对近期实施落地的37个乡村产业项目绘制了"乡村产业招商地图"，对各项目的位置、规模、概况、特色、优势、用地、政策扶持等内容予以明确落实，为社会投资方提供"一站式"项目遴选便利。依托招商地图，已有10余个项目成功落地，总投资超过10亿元，效益显著。

茂名市高州市的做法，一是财政资金撬动。坚持政府引导、市场主导的工作思路，发挥好财政资金杠杆作用，引导企业加大投入建设。如在省级现代农业产业园建设中，除公共服务项目外，要求财政资金与项目实施企业自筹资金比例达1∶2.5以上。二是招引企业投资。加大招商引资，落实优惠政策，吸引社会资本参与,不断增大投入强度。两年来,共落实企业投资23个,撬动社会资本超6亿元参与建设,引进邮政、京东、顺丰等10多家国内知名企业。三是引入信贷支持。针对农户自建房屋难以抵押、农户改造资金缺口大等问题,积极对接金融机构,在全省创新推出"风貌贷""荔枝贷"等信贷产品,支持村民与企业建设风貌提升项目、发展乡村产业。四是实行以奖代补。采取安排财政资金和金融信贷产品支持的方式,引导农户统一按岭南风格改造提升,对按要求实行改造的农户,以建筑工艺标准分每平方米80元、110元两个档次进行奖补。先完成先奖补,鼓励各户先行先建。

茂名市高州市"风貌贷"支持民宿项目

清远市清新区遵循市场导向原则,依托良好的生态环境以及独特的"温矿泉"资源,引进社会资本投资建设三禾稻里民宿、葵背橄榄泉温泉民宿、枫坑农产品加工厂等一批独具三坑特色的农旅项目,打造三坑特色民宿产业,推动乡村旅游蓬勃发展,强力带动沿线经济社会建设,促进农民就地就近就业创业,形成"温泉旅游+民宿体验"引领带动"乡村旅游+休闲农业+体验农业+现代农业"的良好局面。多渠道筹集社会各类资金支持乡村振兴。鼓励地方制定有利于企业下乡的投资返还、资金补贴、捐赠抵税、企业冠名等优惠政策,提高社会资本参与乡村振兴的积极性。

第三节　群众自筹

一、号召村民捐款捐地

在过去多年的脱贫攻坚工作中,老百姓真正看到党和政府是实实在在地在为群众办实事。产业兴旺,村容村貌得到改善,村民们的获得感和幸福感逐步得到提升。从脱贫攻坚到乡村振兴再到乡村振兴示范带的建设,大家亲眼见证了生活环境等方面的美好变化,切实地感受到乡村振兴是利民的,是为老百姓谋福祉的,思想觉悟自然也会不断提高,愿意积极地参与到家园的建设中来。

韶关市翁源县、惠州市博罗县、阳江市阳春市以及茂名市高州市由当地政府牵头,积极号召村民对家乡的建设出钱出力,政府努力做实事将乡村振兴示范带建设为村民自身带来的利益落到实处,引导村民主动为家乡示范带的建设捐款捐地。韶关市翁源县建立"政府为主+村民自愿"投入模式,以政府财政资金为主导,用于完善农村道路、生活污水处理、垃圾处理等基础设施和村庄景观节点提升。除政府投资外,为进一步调动村民参与乡村风貌提升的主动性、积极性和撬动金融资本参与美丽乡村建设,翁源县政府建立"政府贴息+村民自贷"模式,制定了《翁源县农房管控风貌提升贷款贴息方案》,与县农业银行合作,推出"兰乡风貌提升贷",由农业银行发放贷款,贷款期限为1~8年,每户最高可贷款资金20万元用于农户外立面改造和房屋装修。获得贷款农户共142户,发放贷款资金1 300多万元。

惠州市博罗县委、县政府坚持立足全县自然资源禀赋优势,按照"美线强点、连点成片、以片带面"的发展路径,在"环罗浮山"乡村振兴示范带启动"资源变资产、资金变股金、农民变股东"三变改革工程,着力以"三变改

领航
解码广东乡村振兴示范带

革"打造出一个乡村振兴的博罗样板,为全省提供"可看、可学、可推广"的博罗经验。截至目前,"三变改革"工作推动示范带2镇6村完成股权量化工作,参与股权量化改革的村民10 538人,占比98.3%。成立农民专业经济股份合作社24个,选举产生了理事长、监事长等第一批发展农村致富带头人、合伙人108人。同时,村民们以土地入股+保底分红的形式入股专业合作社,进行集体土地流转打包,成功流转土地1 000余亩,进一步提高土地价值和使用率,激活农村发展内生动力,确保乡村振兴示范带建设"蓝图"能落地,落地不"走形"。

阳江市阳春市精心打磨乡村振兴示范带的每一环,突出与众不同的农家特色和审美思维。一是提升基础设施标准。通过村民积极投工投劳和自筹资金163.53万元,全面完成"三清理三拆除三整治"工作任务,整合各级涉农资金逐步建设完善村道硬底化、文化休闲及污水处理等基础设施,提升建设音乐小径、灯棚文化区、荷塘月色、许愿古树、音乐清吧、乡建工艺工坊园、文化长廊、别院咖啡、望山民宿、观景平台等乡村旅游设施,自筹180万元将拥有超过600年历史的130亩连片古树林打造成1.3千米的古树林栈道。二是大力招商引资。注重农业与旅游要素融合,打造绿色农业。中植同惠生物工程(广东)有限公司在自由村、那星村种植袁隆平团队水稻新品种200亩,目前该水稻种植试验片区正在推广种植,成为有机水稻暨果蔬绿色示范区。引进外资,组建阳春市高村旅游投资有限公司投资开发高村乡村游项目,使其成为网红村,每年接待游客约62万人次,村内多家农户和附近村村民依托乡村游办起了当地美食的小作坊和农副产品销售点,每户实现每月增收4 000元左右。建设四季花海项目,以每年每亩租金800元租赁约100亩农田扩大花海建设,景区的建设和日常维护以日薪100元优先聘用当地村民,景区门票收入的20%分红给村集体。发展休闲农业,打造丝绸之路桑葚采摘园和葡萄采摘园等农业生态旅游项目,吸引周边游客前来观光、采摘。

茂名市高州市的做法,一是突出党员带头。注重发挥村级基层组织引领作用,推行"五化"一线工作法,引导党员"亮身份、亮职责、亮承诺",党员示范带头干，出面、出钱、出力、出地，带动群众和乡贤积极参与支持。二是突出村民参与。与村民说透项目建设的好处，在建设基础设施时，大力发动村民投工投劳参与建设一些技术要求不高的工程。利用春节、中秋、国庆等节日组织乡贤座谈会、外嫁女回娘家等活动，筹集资金和砂石、水泥等建筑材料。在"补短板"基础设施建设中，着重发动村民和村集体无偿捐献用地。三是突出联农带农。推行"三变改革"，发动群众以土地、荔枝树、资金等入股项目建设，打造"三变改革"示范点18个，辐射带动农户参与荔枝龙眼产业发展。

金融贷款支持民宿发展

2021年，清远市英德市西牛镇采取以县、镇、村共同承担经费的形式，按照1:1:1的标准筹集长效管护资金，由市、镇、村三级分别按照每年每人12元筹集保洁资金（即每人共36元／年），统筹安排139.5万元奖补资金用于加强保障农村村内卫生保洁、基础设施管护等投入，并以此落实"五员一体"机制、流动红黑旗等日常保洁制度，形成"一二三四五"管护模式（即一个目标、两种模式、三级联动、四方筹资、五重保障）。

二、发动乡贤捐资出力

乡村中的能人贤士积极参与乡村建设，积极发挥作用，必然能够成为助推乡村经济社会发展的"领头羊"和"智囊团"。乡村振兴示范带的建设发展正处于新的机遇期，也面临着许多新的挑战，要全面推进开发建设，离不开乡贤在财政资金上的支持和帮助。积极探索建立乡贤参与基层治理模式，借助乡贤力量参与经济、文化和示范带建设，使其成为乡村振兴示范带建设中的一大特色，鼓励乡贤返乡，捐资公益事业，为家乡乡村振兴示范带的建设发展添砖加瓦。

韶关市南雄市、广州市增城区邓山村以及阳江市海陵试验区为如何增强乡贤对家乡的归属感、认同感、尊严感、幸福感，发挥乡贤对乡村振兴示范带经济建设的积极推动作用，担当乡村振兴示范带资金链上的重要一环提供了良好的实践经验，在乡村振兴示范带的建设中涌现出了大批量的乡贤典范。韶关

广州市增城区邓山村乡贤投资农业产业

市南雄市引导外出乡贤成立乡村振兴理事会，参与人居环境整治、集体经济发展、美丽乡村建设、乡村治理等，如里仁村一级募捐了20多万元用于基础设施建设、村庄美化亮化维护等。

广州市增城区邓山村打好"乡愁"牌，也促进了青年返乡创业。邓山青年返乡创业孵化基地以"互联网+创新创业服务平台"的形式，为返乡青年提供咨询、培训、资源对接、创业项目扶持等服务。对于自发参与邓山名村建设的村民创业者，会提供相关服务，目前已有部分村民在基地的指导和支持下，尝试自主创业，主要经营乡村民宿、农家乐饭店、土特产加工销售、游览接待服务等，预计未来会有超百人回流邓山村居住和发展。

阳江市海陵试验区积极筹集乡村风貌带建设资金，统筹各级财政资金和动员企业、乡贤捐助资金。"丝路船说"示范带投资总额1.09亿元，其中企业、乡贤投入3 900万元，中央、省、市专项资金3 000万元，申请债券4 000万元。"海韵渔归"示范带投资总额1.2亿元，其中发动企业、乡贤投入3 500万元，整合省市专项资金3 000万元，本级财政资金500万元，申请债券5 000万元。开展"万企帮万村"行动，发动海陵区企业与村委会签订风貌带建设项目4个，意向投资6 000万元。鼓励社会资本和村委会、农户积极参与乡村建设，企业与村委会签订10个乡村民宿项目投资意向，投资金额2亿多元；制订《推进乡村建设贷款贴息方案》，安排资金用于建设企业贷款贴息，支持村民或企业贷款，撬动更多金融资本参与新建、改造农房和乡村风貌提升；2021年6月，阳江农商银行与海陵区签订乡村振兴战略合作协议，提供乡村振兴战略专项授信人民币50亿元额度。

三、鼓励社会捐助帮扶

社会组织的捐助帮扶以及积极参与对巩固拓展乡村振兴示范带建设成果和全面推进乡村振兴，更好地扩大示范带影响有良好的促进作用。组织动员部分重点社会组织对乡村振兴重点示范带进行对口捐助帮扶，做好巩固拓展示范带

领航
解码广东乡村振兴示范带

建设成果同乡村振兴有效衔接工作；动员社会组织积极参与示范带建设，围绕乡村示范带发展、乡村建设、乡村治理等重点工作，打造社会组织助力乡村振兴示范带公益品牌；针对乡村振兴示范带重点区域和重点领域，开展社会组织乡村行活动，搭建项目对接平台，促进帮扶项目落地实施；选树一批社会组织参与乡村振兴示范带的先进典型，强化示范引领作用，推动形成社会组织助力乡村振兴示范带全面建成的良好局面。

江门市开平市以项目落实为抓手，以招商运营为导向，充分发挥农民参与示范带建设的主人翁角色作用，部署87个项目，全面涵盖乡村产业、人才、文化、生态、组织"五大振兴"，总投资81.83亿元，其中政府配套资金8.92亿元，撬动社会资金72.91亿元，有效激活示范带"造血"功能，实现乡村振兴从"美丽资源"向"美丽经济"转化。

汕尾陆丰市于2021年7月申报了2021年度中央专项彩票公益金支持欠发达革命老区乡村振兴项目，同年8月获批得到5000万元项目支持资金。陆丰市委、市政府高度重视中央专项彩票公益金投入示范区建设使用工作，成立了市政府主要领导为组长的领导小组，制定了项目资金使用实施细则，科学谋划项目规划带动，强化项目建设进度督促，通过中央专项彩票公益金5000万元投入使用，带动交通、水利、林业多个部门整合行业资金投入各项基础设施建设中，优化了示范区的投资空间，吸引了多个企业投资示范区的民宿、旅游、科研、红色基地等产业建设，形成了资金整合投入多元化的良好局面。中央专项彩票公益金5000万元主要投入示范区停车场、服务中心、文化广场、主干道路提升、沙滩主题公园等建设项目。通过中央专项彩票公益金支持建设项目，筑巢引凤，引导各行各业4亿多元的资金投入示范区的项目建设中，如：交通部门的滨海公路整治工程资金3700万元，水利部门的小河流综合整治资金1255万元、林业部门的山体林相改造专项资金1000万元，植物龙公司将投入3500万元建设农业科研项目；红坡新村引入3000万元民宿项目；浅澳村引入2800万元旅游项目；下埔村引入2000万元民宿项目；深圳帮扶企业投资500万元建设核电路口项目。

❖ 第五章 建设资金从哪儿来？

陆丰市乡村振兴示范带基础设施建设

全面推进乡村振兴，重中之重是产业振兴。党的二十大报告提出，"巩固和完善农村基本经营制度，发展新型农村集体经济，发展新型农业经营主体和社会化服务，发展农业适度规模经营"。脱贫摘帽不是终点，而是新生活、新奋斗的起点。伴随着各级财政资金项目落地乡村，乡村拥有了大量的资产增值沉淀，但如何唤醒乡村沉睡的资源，实现保值增值，如何提升乡村人气，实现可持续的人流、物流和现金流，乡村运营就显得颇为急切和重要。

乡村振兴示范带的运营管理是新时期乡村建设和发展的新理念，指的是在政府的引导或参与下，由村集体（村民）成立农民合作社或和企业合作成立乡村运营组织，运用市场经济的手段，对乡村的资源要素进行整合、配置和运作，从而实现乡村资产的保值增值。广东省委农办专职副主任、省乡村振兴局专职副局长梁健认为，要切实围绕乡村产业项目创建过程的顶层设计、过程管控、盈利模式、策划规划、拿地用地、产业导入、资本对接、落地运营等关键问题，创新探索乡村振兴产业可持续发展之路。因此，好的乡村运营是助力乡村振兴迈向共同富裕的强大推手。

第六章 后期如何运营管理?

由于不同的运营管理主体拥有的人脉和资源不同,故在整个乡村的运营管理上的优势和职责不同。因此,乡村振兴中的政府、社会组织和群众并非各自独立地发挥作用,也非相互排斥,而是各司其职又互为补充,任何一方的独大或缺失都难以保证乡村振兴的顺利推进,不同的主体应互相协作,优势互补,共同带领乡村走上致富的道路。

开平"邑美侨乡,世遗风韵"乡村振兴示范带上民宿百花齐放、欣欣向荣[来源:《全省乡村振兴示范带典型案例汇编(初选版)》]

第一节 政府：加强监督引导，提供支持保障

乡村振兴是党中央着眼于党和国家全局，围绕"三农"问题提出的重大战略，各地基层政府都在为实现本地区乡村振兴进行努力和宣传，寻找并积极支持乡村运营组织助力乡村发展，使资源和项目顺利落地乡村。为此，基层政府会对乡村运营组织进行政策和资源上的倾斜。在此激励下，从事乡村运营的组织机构就会成为乡村运营管理的践行者或助力者，为乡村运营机构顺利落地打下坚实基础。

一、加强过程监督

为避免乡村运营机构损害村民利益，要落实事前约束和事后的动态监督，规范乡村运营准入制度。第一，从业许可方面，从源头上把控该组织是否具有乡村运营的资格，在以往的乡村运营项目中是否符合相关法律法规和乡村产业发展规划；第二，从业能力认定方面，重点审查资金运作和风险管控以及合同履约能力；第三，利益相关者的融洽程度上，借鉴乡村所选定运营组织以往的运营经验，综合考察运营中与村民、村干部的关系融洽程度。

此外，很多项目因投资额度大、实施周期长、涉及农民收益保障要求高等因素，建立项目的前、中、后全过程风险防控和监督机制尤为重要，不但可以有效地管控项目本身，还可有效地监督项目参与各方主体合法合规履职履责，减少因此给项目实施主体带来的法律风险。在乡村振兴项目实施前，首先应做到法律服务前置，即"投前"介入核查项目可研、立项、审批的合规性，配合

企业开展法律和行业尽调，摸底项目合作方，拟定项目合作方案，优化交易架构，结合项目的实际对项目进行专项的法律风险审查和评估。

乡村振兴是国家主导的乡村社会重建过程，在一定意义上，政府承担着乡村建设总体顶层设计的职责，进而对乡村建设规划的整体布局起着协调监管和纠偏的作用，以保证乡村建设沿着科学的方向和规划的路径推进。政府的协调监管、纠偏职能主要表现在以下方面。

（1）监督各利益主体的行为

随着乡村振兴战略的推进，体制和政策的倾斜、政府投入的加大，会吸引各种利益主体进驻农村社会。这些主体是否沿着国家规划的乡村建设方向推进农业农村的优先发展，是否保障了农民的利益，政府要尽到监管和纠偏责任。

土地是农民的命根子，要落实耕地保护制度，保护好农村土地。各乡村运营主体在介入农地流转时，不得在流转土地上违规搞非农建设或者破坏农地种植环境。在农业经营监管方面，一旦启动项目，要严格按照合同约定维护好村民的利益，不得实施掠夺性经营。一味以某部分群体需求为导向，乡村运营项目会有很大风险，一旦不能吸引稳定的客户流，则会造成资源的严重浪费。为此，在乡村运营的项目设计中，既要兼顾针对性，又要考虑普适性，才会有利于乡村可持续发展。

（2）协调各利益主体的矛盾

伴随着越来越多的资源注入乡村，争抢资源的情况不可避免，当乡村社会内生纠纷解决机制难以奏效时，需要政府出面化解利益矛盾和冲突，确保乡村建设不因利益冲突过大而停滞或偏离初衷。

乡村不适合采用管理高度分工的城市模式，亟须当地的农民村社集体经济组织以及广大的农村群众参与到乡村运营的全过程中。这主要涉及两个方面，一方面是村内的互动，即乡村运营介入时，运营组织机构与村民之间的互动；另一方面是村外之间的互动，表现为运营组织所打造的村庄与周边村庄的互动。

领航
解码广东乡村振兴示范带

乡村运营中最重要的是处理与当地村民的关系。要避免出现乡村组织和村民处于被动的语境中，村民不愿发声、不能发声、不敢发声，地方真实的声音无法表达，自上而下的运营对村民自身的主体性造成空间挤压。因此，在项目开展中要为村民提供能够表达的平台并对其所反馈的信息采取积极应对的态度，将属于地方村民的权利归还村民，通过外部人员自我调适和本地村民的参与提升，稳步改善不对等的现状。

连南瑶族自治县村民参与乡村运营互动现场（来源：连南瑶族自治县人民政府）

二、提供政策支持

乡村振兴的成败首先取决于制度体制的设计，制度供给滞后是乡村振兴战略落地的最大制约之一。

当前乡村发展中面临的主体空缺、资源供给不平衡、村庄共同体意识消减等问题，从根源上讲是二元的城乡发展体制造成的。政府应通过完善要素市场化配置制度、深化农村土地产权制度改革、消除城乡要素流动的体制性障碍，引导资本、技术、人才等资源流入乡村社会，尤其是农村土地产权制度改革，落实承包地的"三权分置"改革，推广集体经营性建设用地试点改革经验，赋予农村集体组织、农民更多的产权权能，释放农村社会和农民的发展潜力和主体能力，激活乡村内部要素，从体制、机制上为城乡要素的双向流动扫清障碍。

（1）汕尾陆丰市：探索多元化投入机制，带动人气财气

陆丰市"滨海走廊"乡村振兴示范带立足实际，大胆打出系统改革和体制创新"组合拳"，以创建"乡村文化集市"品牌闯出革命老区乡村振兴后发先至的新路子。通过项目化整合资金、平台化撬动资金、债券化募集资金、产业化吸引资金、资产化盘活资金，有效探索乡村振兴多元化投入机制，筹措整合多路资金投入乡村振兴建设，沿途引进农业企业40多家，新增市场主体1.2万家；附近的餐饮酒家在当地政府的支持和帮助下进行了全面升级，不但修建了观景台、停车场等配套设施，还建设了粤菜师傅培训基地，吸引了不少青年厨师返乡就业，实现了人气变财气、网红点变经济增长点。

2021年以来，一批民宿、农家乐、田园综合体点缀了乡村、丰富了业态，民宿、农家乐等旅游业接待游客50余万人次，带动沿线群众走上了"致富

陆丰碣石镇浅澳村全貌

领航
解码广东乡村振兴示范带

路",陆丰市旅游总收入实现逆势翻番。2022年1月,创新推出"乡村文化集市"品牌,举办乡村文化集市活动,仅为期两天的活动就接待游客近1.1万人,现场销售小吃6 000份,棋艺、书画、正字戏、陆丰皮影戏……这些原本受众面窄的文艺形式如今通过乡村文化集市来到田间地头,既丰富了群众生活,也带动了消费。随着"集市"概念深入乡镇,陆丰"趁热打铁",结合中秋、国庆假期等节点,在碣石浅澳村、东海镇上海村、金厢镇黄金海岸、大安农场开启各式各样的文化集市,为市民打造文化盛宴的同时加快了"美丽经济"变现。

(2)东莞横沥镇新四油榨村:打造创意产业、激发旧村新活力

油榨村是横沥镇新四村的一个自然村。为了盘活90%的闲置房,活化旧村落,深入实施乡村振兴战略,2019年,新四村村委会积极谋划,以对油榨村进行旧村改造、企业运营为主要内容,打造了"678艺时代"项目,开辟了由集体主导推进、村民深度参与、项目市场运营的旧村改造新模式。该模式既可改造提升旧村环境,为村民留住乡愁、留住记忆,又可让村民成股东,参与分红,支撑项目可持续性发展。油榨村由"空心村"变成了"网红村",越来越多的本地年轻人开始回村创业,"678艺时代"项目运营方也大力支持,对本村创业青年租用铺面实施免租优惠,目前已有多位村民以商铺店主、物管人员等形式参与其中。据统计,"678艺时代"假期高峰一天就有近2万人流,2021年新四村村组两级集体经营总收入4 836.7万元,同比增长20.59%;纯收入3 449.6万元,同比增长21.40%;2021年人均纯收入17 821元,同比2019年13 148元,人均纯收入增加35%。

"678艺时代"是新四村推进乡村振兴的重要一步,园区保留着横沥年代特色红砖房结构,并运用艺术化手法打造升级,建有创意好玩的20世纪60—80年代的景观,展示不一样的特色风情。目前园区内有酒吧、餐饮店、儿童游乐场、服装店、亲子手工坊等商户入驻,招商率达80%。"678艺时代"项目下,村民不仅有房屋统租的租金收入,还有入股分红,在项目运维管理、店铺招引方面都有相应的优惠。美了村子,富了村民,壮了集体,新四油榨村的走红不仅是东莞市推进乡村振兴"全民参与、全域创建"的生动缩影,也是东莞"美丽乡村"催生"美丽经济"的成功案例。

新四油榨村"678"艺时代文创项目
[来源:《全省乡村振兴示范带典型案例汇编(初选版)》]

三、投入保障服务

当前农村社会的公共服务供给能力尚有不足,乡村教育投入、公共卫生投入、社会保障投入、基础设施建设投入等都与城市相差甚远。与此同时,随着现代化的生产、生活方式向农村社会渗透,农民对非物质形态的公共产品需求日益增多,但当前乡村社会所需的公共信息、法律援助、公共文化、政策咨询、环境保护、技能培训等服务仍然滞后。

城乡公共服务的差异使得乡村社会失去吸引力,导致农村人留不住、城里

领航
解码广东乡村振兴示范带

人不愿来，陷入人才短缺的发展困境。补齐乡村公共服务短板是提高农村发展质量的前提，政府是基本公共服务的提供者，实现城乡基本公共服务的均等化是公共财政的职责，政府在推动公共服务向农村延伸、实现城乡公共服务一体化的过程中起着主导和关键性的保障作用。

（1）清远清新区三坑镇："党社联建"，政府打基础，企业带致富

三坑镇坚持把发展壮大村级集体经济作为加强基层组织建设、提高农村党组织凝聚力和战斗力的基础性工程来抓，镇党委带头通过盘活资产、打造商品、入股借力等方式，为发展壮大村级集体经济铺平路子、扶稳梯子、开好方子，不断深化"党社联建"模式，增强村级集体经济"造血"功能，为实现"村村有产业、集体有收益、群众得实惠"的多方共赢局面提供原动力。

自示范带启动建设以来，三坑镇结合当地文化元素，扎实推进人居环境整治提升，不断完善基础设施建设，推动整洁村和示范村创建面全覆盖，全镇281个村小组已全部达到整洁村以上标准；同时，加大引进社会资本力度，共

三坑镇乡村振兴示范带特色民宿[来源：《全省乡村振兴示范带典型案例汇编(初选版)》]

落实企业投资约20个，撬动社会资本超3亿元参与建设，成功引进古龙峡生态旅游娱乐有限公司、广东粤周游有限公司等多家知名旅游企业。按照"农旅为主，第一、二、三产业融合发展"的总体思路，持续探索种养、休闲旅游、电子商务等多种产业并进的发展道路，目前已逐步形成"温泉旅游+民宿体验"引领带动"乡村旅游+休闲农业+体验农业+现代农业"蓬勃发展的局面，推动三坑镇产业链不断延长、价值链不断提升。通过挖掘整理宣传农耕文化和乡村旅游文化、技术培训、商标注册等，带动农户种植做大优质农产品，解决技术和销售问题，同时提高优质"旅游手信"供应能力和发挥高端优质农产品品牌项目带动作用，实现农业和旅游业共同发展，带领农民增收致富。

（2）汕头潮南区：党支部引领，合作社带动

以汕头市潮南区凤光种养专业合作社为例。2022年以来，汕头市潮南区委组织部探索推广党支部领办合作社，在农业企业、专业合作社、家庭农场上建立党组织94个，形成"支部+合作社+农户"村集体运营模式，将村民有效组织起来，让党支部在村集体经济发展过程中发挥带头作用，并有效地服务群众，激发乡村振兴内生动力。

凤光种养专业合作社就是党支部领办的农民专业合作社。自成立伊始，党支部就站在发展集体经济的最前沿唱主角，牢牢把握经济工作主导权，让农民切实享受到发展的成果。2022年4月，凤光村以党支部领办合作社为切入点，突出"支部+合作社+农户"的模式，引入木瓜种植和茶叶加工产业，推动规模化种植、产业化经营，拓宽农民增收渠道。通过支部带合作社、支部带党员、党员带群众、合作社带群众、合作社带合作社的五带模式，既能发挥党支部组织、管理村民的优势，也能保障村民的分红、务工收入，壮大农村集体经济。

第二节 企业：引入专业管理，优化资源配置

乡村振兴中产业振兴是基础，而产业振兴就要依赖市场，通过企业的进驻，实现对资源的优化配置。市场力量是自发形成的，其特点为成本低廉、效益最优，企业通过竞争机制调节价格、供求，依靠价格实现信息反馈，进而调节生产、交换、分配、消费等环节，推动社会资源向着社会平均利润率最高的领域流动，达到资源的最优利用。

一、引入专业管理

乡村振兴的重要途径之一就是实现城乡要素的双向流动，互助共赢。一方面，城市的资本、技术、人才流入乡村，解决乡村发展资源和人才不足的问题；另一方面，农村的资源获得与城市资源同样的市场地位，变资源为资本，实现价值增值，为农村社会发展注入内在动力。

企业参与乡村运营的动机主要有三方面。首先，这是一项伟大的事业，而且是一片潜力大、机会多、时运好的蓝海；其次，中国庞大的农村人口仍然属于相对收入不高的群体，从商业角度来看意味着巨大的市场和广阔的发展前景；再次，乡村振兴模式的竞争并不激烈，还未出现非常成熟、成功的战略模式或者业务模式，具有无限机会和长远前途。

资本流入农村，不能以牺牲生态环境来招商引资或推动产业发展，要树立"绿水青山就是金山银山"的发展理念，兼顾经济效益、生态效益和社会效益。企业在赚取利润后，要适度回馈乡村，为乡村社会提供多元的发展型公共

产品，发展乡村公益事业，比如兴办教育、提供适宜的技能培训、提供养老服务和就业岗位、参与生态保护、发展乡村文化等。

（1）佛山里水镇：成立镇级国有公司，盘活项目资产

佛山市举行深化国资国企改革推进会后，地处广佛核心的里水镇进行了一场公有资产的重大变革：里水公有资产作为先锋，引领千亿投资，在实现保值增值的同时，吸引和撬动更多的社会资源参与到里水的大建设、大发展中。

在乡村振兴领域，里水镇旅游开发集团与社会资本合资成立国有公司，对里水镇乡村项目进行策划、运营和后续管理，通过引入市场化乡村运营公司，促进里水镇乡村项目资产盘活，制订运营管理规范，完善村民社区服务。具体包括对南海里水12村连片示范区制订乡村文旅运营管理、乡村资产运营管理、乡村社区营造服务等方案，以运营业态带动闲置资产活化利用，为里水传统的乡贤文化、红色文化、生态禀赋等相关特点不同的村落带来不同的主题和网红业态，以独具特色的亮点项目为激活点，以点带面为乡村注入新的活力。典型项目如爱情公园、理想村、MINI绿乐园、文化馆、民宿学院、乡创学院等，并为每个村赋予了不同的主题和品牌定位，打造"一村一品"的品牌故事，根据

佛山市南海区里水镇里水社区田园风貌

领航
解码广东乡村振兴示范带

结合村庄水体修建滨水小广场

不同主题进行差异化改造和升级，配置不同的业态，形成片区内的优势互补和品牌联动。如潮流村：钟灵毓秀·花海潮流，河村：文明窗口·幸福河村，北沙：爱国基地·红色北沙，新联：文创新联·漫游水洲，里水：原乡里水·多彩田园，赤山：古村乡愁·光耀赤山，宏岗：党建引领·宏鹰展翅，贤僚：水中贤僚·梦里桃源，鲁岗：花径鲁岗·水悦龙舟，汤村：研学汤村·创智乐园，小布：农业大观·食色小布，金溪：网格先行·善治金溪。

（2）清远英德市连樟村：成立专业文旅主体，实行规范化经营

2020年10月，连樟村成立了广东清远英德连樟农贸发展有限公司，由连樟经济联合社独资注册，注册资本1 000万元，持有连樟村以及相关商标证书100余个，并与国华文旅集团签约，形成专业的文旅主体，为连樟村在乡村振兴、文旅农旅融合发展等领域提供助力，文旅农旅融合发展迈向了正规化和规范化。

公司每年对经济社成员给予25%的分红比例，另有15%用于公司征地项目，12%用于公共卫生和设施服务等，收益分配方案上奖惩分明，既对文明户、先进模范家庭、优秀党员、优秀学生等先进团体和个人给予收益奖励，同时也对不落实门前三包、不诚信、不孝敬长辈、不遵纪守法的公司成员扣发分红收益。科学合理的分配机制促进了公司健康发展，也为村民提供了稳定的收入保障，激励村民在美丽乡村、乡风文明建设等领域干劲十足。自公司成立运营两年以来，连樟村共接待游客50万人次，带动当地农土特产品、蔬果采摘等项目消费157万元，极大地激发出了文旅农旅融合发展潜力。

2022年10月，连樟村进一步成立英德市连樟一号品牌管理有限公司，正式启动"连樟1号"乡村品牌运营，为连樟村农产品、乡村旅游建立健全准入制度和服务标准，促进连樟乡村品牌进一步做大做强，走向更广阔的空间。

（3）梅州市："一带一国企"，产业赋能示范带建设

梅州基于其良好的产业基础，在乡村振兴示范带建设中将促进镇村产业有效融合放在了重要位置，着力推动传统农业向现代农业转变，以工业思维发展农业，坚持强链延链补链，以第一、二、三产业融合发展为导向，在贯通产加销、融合农文旅，打造农业全产业链的同时，推动农业全链条升级，赋能乡村振兴示范带建设。全市省级重点农业龙头企业数量居全省第一，近年新培育省级农业龙头企业8家、市级农业龙头企业20家，市级以上农民合作社示范社235家。

得益于前期工作开展注入的产业动力，2022年7月，梅州市正式印发《梅州市乡村振兴示范带建设实施方案》，明确提出梅州将发挥国有企业辐射带动作用，探索"一带一国有企业"投资建设运营模式，鼓励引导国有企业和社会资本，参与示范带相关设施和其他村建设、乡村发展项目的长效运行管护，激活闲置土地资源和乡村特色优势资源，为示范带建设注入强大活力与保障。

（4）清远连南瑶族自治县：统一招商引资，全产业谋划推动乡村振兴

连南持续把"招商引资"作为"一号工程"抓紧抓好，打出产业招商、平

领航
解码广东乡村振兴示范带

台招商、小分队招商、驻点招商组合拳,建立项目库、产业库、企业库,推进产业链、供应链、龙头项目招商,实现靶向招商、招大引强、量质齐升。坚持招商和建设两手抓,统筹抓好政府投资和民营企业投资项目,更积极更主动地做好企业落户和后续服务,持续开拓税源,营造以商引商良好氛围;优化"大招商+要素保障+项目落地"机制,营造良好的营商环境。

近年来,连南充分用好省、市推动民族地区高质量发展政策,立足本地生态资源禀赋,深入实施乡村振兴战略,以全产业链思维谋划农业产业,不仅在当地起到示范带动效应,还将促进清远乃至广东地区乡村产业的转型升级,加快乡村振兴步伐。例如,建成运营总投资2.23亿元的稻鱼茶省级现代农业产业园,2021年实现农业总产值约14亿元,累计联农带农10 092户;连南县委、县政府牵头,按照"公司+农户"的合作模式,由村集体提供土地,碧桂园集团、国强公益基金会捐赠建设,并联合天农集团共同实施项目运营,建设连南瑶族自治县茶药菌省级现代农业产业园种养循环示范基地,完成投资近7 000万元;全力申报瑶药省级现代农业产业园等。此外,如碧乡公司、国华文旅集团、广东云蝶科技、郎朗艺术基金会等在连南落地新时代文明实践中心、非遗瑶族婚

连南三产融合发展中心

俗展示项目、云蝶智慧教室、郎朗"快乐的琴键"钢琴教室等众多乡村振兴项目中，开展"少年归来"许鸿飞雕塑艺术展、党建研学游等文旅活动，进一步促进民族地区乡村党建和美育教育、民风民俗等方面均衡发展。

二、优化资源配置

企业通过与政府、村集体联合的方式参与乡村运营，优势主要有三方面。一是整合村企劳务、资金、人才、技术等要素资源，利用现有村集体建设用地，建设厂房、市场、商铺等物业，搭建经营平台，吸引企业、商户入驻经营，实现优势互补，互利共赢。二是采取自营、入股、出租、联合发展等方式，盘活现有林地、撂荒耕地和闲置用地等资源，推动闲置资源变资产，促进农村集体经济发展和农民收入增加。三是利用"一村一品"扶持资金，借助企业运营团队专业优势，建设特色农产品种植基地，蓄积特色产业动力，延伸产业链，提升价值链，推进特色产业融合发展，做优做强品牌，变小产品为大产业。

当村集体听从政府管理运营，且村民愿意配合进行有偿土地流转时，政府可以和企业联合进行乡村运营。该模式由政府组织牵头，让一个（多个）非公企业与一个（多个）村或者乡镇直接相联系，企业与政府共同扶助农村特色经济发展的项目，实现以工促农、企业反哺农业的互利互惠、效益双赢的最终目的。

（1）肇庆封开县：政企协作，整体统筹创建景区式示范带

封开贺江碧道画廊乡村振兴示范带是农文旅融合的开放式景区，已整体创建为AAAA级景区，采用"景村一体，政企协作"的开发运营模式，即在政府指导下，成立封开县贺江碧道旅游发展有限公司，将示范带作为一个大景区运营，实现乡村和景区一体化，乡村管理和设施规范化。2021年，贺江碧道画廊接待游客81.08万人次，创造旅游收入2.75亿元，成功把门票经济转化为百姓所获，转化为"乡村振兴动力"。

领航
解码广东乡村振兴示范带

封开贺江碧道画廊——"贺江第一湾"(来源:封开县农业农村局)

封开贺江碧道画廊龙皇岛码头风貌(来源:封开县农业农村局)

"景区+企业"方面,除引入文旅企业与本土企业合作建设特色民宿外,还依托水稻、竹荪、食用菌、兰花、丑番薯、赤松茸等农业资源,建设了丑番薯基地、竹荪种植基地和赤松茸基地等集农业观光、亲子采摘、体验科普于一体的农业采摘基地,让广大游客在游览中感受乡土文化、体验乡村风情。

"体育+旅游"方面,2021年,在贺江碧道画廊景区共举办了两场乡村骑士骑行活动,成功助推贺江碧道画廊获评"中国体育旅游精品景区";2020年和2021年,举办了南粤古驿道定向大赛,打造了竹洲碧道、大湖塘碧道、台洞励志碧道、足食碧道4条主要的徒步碧道,举办了多个徒步活动和赛事,给游客更多更丰富的体育运动和徒步旅游体验。"体育+旅游"的深度融合赋予了示范带更多元的体育价值,品牌效应已初见成效。

足食村村民自发合力改造的风水间民宿(来源:封开县农业农村局)

(2)潮州潮安区凤凰镇叫水坑村:村企联合,依托乡村资源开展共建

潮州市潮安区凤凰镇叫水坑村村集体依托乡村生态资源、人文资源和名茶产业优势,通过"公司+经济联合社+农户"的运作模式,引进潮州市玉瑶山庄生态旅游公司作为村全域旅游投资主体,村成立了叫水坑茶叶专业合作社,村民以投资入股形式加入合作社,与生态旅游公司达成契约,投资近100万元建设现代化茶叶加工厂,发展茶叶深加工。

村集体与企业联合,双方共建"生态欢乐谷",以山水资源引资引智,以民宿客栈提供接待接引,把村集体、公司、贫困户联系起来,让村民享受收益兜底分红。以增强造血功能和建设特色乡村全域旅游体验区为目标,走出了一条以"托管联营""村企共赢"为特色的乡村振兴发展新路子。

凤凰镇"山水凤凰,彩虹画廊"乡村振兴示范带彩虹路[来源:《全省乡村振兴示范带典型案例汇编(初选版)》]

(3)广州增城区正果镇岳村片区:政企村合作,平台化各展所长

增城正果镇岳村片区新乡村示范带乡村振兴项目由正果镇人民政府、增城乡村振兴基金与岳村、广州市岳村生态旅游开发有限公司、庙尾村、花园村、番丰村签订乡村振兴示范项目战略合作协议;增城乡村振兴基金、广州市岳村生态旅游开发有限公司与3个意向企业代表签订了产业共建意向项目协议等。根据协议,各方将遵守"政府主导、企业参与、市场运作"的原则,灵活探索"政府+企业"联合运营模式,由平台运营公司进行全权运营,负责项目策划、产业招商、品牌运营、营销推广等，尽各方之力，聚各方资源，按照产业兴旺、生态宜居、乡风文明、治理有效、生活富裕的总要求，设计成业态多种、文化丰富、产业多元化的集"吃、住、行、游、购、娱"和"商、养、学、闲、情、奇"旅游6项发展要素于一体的项目，同时又让村民成为这一平台的代言人、工作人员、股东等，实行"政府+企业+村集体"管理模式，采用专业化公司运营模式，成立生态旅游开发中心，共同建设岳村乡村振兴示范项目。

第三节　村民：发挥能人带动，激活组织载体

自生能力是自主发展的前提。乡村振兴需要多层次、多面向、多维度的社会参与以提供持续的动力，乡村振兴中农村社会群众的职能是充分发动村民群体、乡贤群体、乡村精英群体和社会组织在乡村振兴中的能动作用。

一、严格制度管理

在广袤的农村，村规民约凝聚着村民对价值观和行为规范的共识，是基层群众实现自我管理、自我教育、自我约束的有效形式和重要手段，是开展社会主义精神文明建设、推进乡村治理能力现代化、助力乡村振兴的重要抓手。

村民自治的主体是广大村民，要严格法律规范行使自治，实行民主选举、民主决策、民主管理、民主监督，保障村民的民主权利，实现村民自治。制定合法、完善、规范、实用、体现村民民主意愿的村民自治章程、村规民约以及包括村务公开制度、财务管理制度、干部廉洁制度、村民代表会议议事制度、村民委员会及其下属委员会工作职责等各类专项规约，是群众参与乡村运营管理的制度保障、行事准则，能切实解决不规范、权力集中、小官巨腐问题，为乡村振兴示范带的管理维护提供了良好的内生动力。

（1）清远清新区浸潭镇下迳村：制度先行，充分调动乡贤能人

2015年，为破解"空心村"发展难题，下迳村决定从根上来一场大刀阔斧的改变。首先，完善村级组织，先后成立了村小组党支部、村民理事会、村

经济合作社等组织，为寻觅合适的人员打下了基础；随后，下迳村探索制定了符合本村的组织运行机制，从外出务工经商人士、复员退伍军人中物色村级后备干部，选出了敢于担当、勇于创新的"带头人"担任各类组织干部，不断提升群众自治性；同时，下迳村还积极探索"基层党建+村民自治"相结合的机制，村中重要事务，都是由党支部提事、村民理事会议事、村民大会决事、村经济合作社干事、村务监督委员会监事，确保群众知情权、参与权、决策权，充分调动村民参与村中事务的积极性。

村里的改变，吸引了邹瑞文等一批乡贤能人陆续返乡创业。邹瑞文曾是一名牙医，也从事过矿山开采工作，敢打敢拼敢干的他，返乡后当选为村民理事会理事长。为鼓舞村民建设家乡的士气，邹瑞文率先将自己在外打拼累积的100多万元投入家乡建设。他这一举动激发了村民的建设热情——大家有钱的出钱，有物资的出物资，有劳动力的出劳动力。"当时建小华山景区的时候，有的村民免费帮忙施工，以劳力入股。"邹瑞文说。

下迳村小华山风景区景观

在党支部和村民理事会带动下，村里陆续筹集资金1 000多万元，盘活整合村中闲置宅基地，建成集汤泉、农家菜馆、民宿为一体的乡村旅游度假村，在改变乡村面貌的同时也促进了农民增收致富，村集体年收入实现从2015年2.3万元到2021年500多万元的飞跃，昔日的"空心村"蜕变成了"富裕村"。

（2）清远市：出台激励政策，激发基层实干热情

近年来，清远市制定出台《加强基层党组织带头人队伍建设工作方案（试行）》，把政治素质作为选拔基层党组织书记的第一标准，注重从致富能手、外出务工经商返乡人员、本乡本土大学毕业生、退役军人中选拔党员为党组织书记，作为乡村振兴的"头雁"，把广大群众团结在党的周围。同时，清远市推行村（社区）党组织书记小班制培训、导师帮带、跨村挂职、到镇街跟班等措施，着力建设一支强有力的农村基层党组织"领头雁"队伍。目前，全市行政村党组织书记"三肩挑"的比例达100%，"两委"干部中党员比例从83%提升到99%，一批有干劲、会干事、作风正派、办事公道的干部获得重用。

此外，清远市制定出台了《清远市发展壮大村级集体经济奖励办法（试行）》，在村级集体经济增收的基础上，支持村级安排适当资金对"两委"干部及相关工作人员进行奖励，以激发广大农村基层干部在发展村级集体经济中主动担当作为、狠抓落实。在发展村级集体经济的实践中，涌现出了一大批优秀的村、组两级党组织书记，成为带领群众脱贫致富的"领路人"。除邹瑞文、刘逢明外，英德市连樟村的陆飞红、连山壮族瑶族自治县东风村的李家维、阳山县隔坑村的陈燕红等也是典型代表。

二、培育发展主体

农村社会是乡村振兴的内在主体，乡村振兴的关键是人才振兴。人才的成长离不开外界的支持，但根本的土壤和原动力来自乡村社会内部。乡村社会的建设主体包括个人和组织，乡村社会在培育发展主体方面有以下作为。一是

深度挖掘本土人才，培育一批"土专家""田秀才""新农人"，通过能人带动乡村社会发展。二是吸引大学生、企业家、农民工、技术人才到农村创业，培育新型农业经营主体，发展现代农业。三是充分发挥新乡贤的道德教化、行为引领和文化感召作用，培育乡村社会的精神领袖。因为乡贤虽不拥有行政权力，但在基层社会具有道德威望，可以为乡村公共空间提供精神支撑和道德导引，具有沟通官民、扶翼政教的双向功能，是乡村社会建设、风习教化、乡里公共事务的推动力量，能在慈善、文化、教育、生态等领域增强乡村社会的凝聚力，有助于乡村社会共识的形成和共同体秩序的建构。

培育发展乡村人才，能有效解决基层组织人才匮乏、老龄化问题，同时也要拓宽识才"视角"，把识才辨才的"探头"下放到产业发展、乡村治理等工作一线。坚持以"人岗相适"为准绳，推动"专业人才到专业岗位""专业人才干专业事业"，形成人尽其才，才尽其用的工作格局。大力推进制度创新、流程再造，破解体制机制障碍，出台有效激励政策并提供优质高效服务，探索引得进、育得强、留得住、用得好的管人育人用人体制，持续放权松绑，激发人才创新创业的活力。

（1）江门开平市："头雁"引领，发挥党员"能人"带动力

近年来，广东省江门开平市委深入实施"人才倍增"工程，市镇两级相继出台了一系列育才引才留才政策和措施，精心打造人才公寓，建强人才管家队伍，优化开平英才服务，让各类人才安心安居安业。开平市通过优结构、提能力、强示范，提升乡村振兴人才队伍整体素质。

一是优化"头雁"引领力。实施"头雁种子"工程和党员人才回乡计划，推行"巾帼头雁"导师帮带制，深化村党组织书记县级备案和分级分档管理，推动"头雁"队伍结构优化、能力提升，宅群村"90后"大学生村书记方晓莹返乡当头雁带动家乡发展，全国巾帼建功标兵胡桂影等先进典型相继涌现。

二是提升党员战斗力。在塘口镇深化"两带一包"等党建品牌，推动党员带头、群众参与。在赤坎镇深化"四方党建共建"工作模式，让党旗飘在赤坎

领航
解码广东乡村振兴示范带

江门市乡村振兴培训学院[来源:《全省乡村振兴示范带典型案例汇编(初选版)》]

古镇项目一线、党员冲在项目一线。在百合镇深化"彩虹工作法",推动党员干部在疫情防控和应急场景中迅速响应、各司其职。

三是发挥党员"能人"带动力。建设全国乡村文化和旅游能人工作室,培养扶持了退役军人谢沃根、乡村建筑设计师李继津等一批"能人",依托"能人"吸引资金、人才、项目流入乡村,成功打造塘口空间、凤仪里等乡村文旅示范项目和工作品牌,实现人才带动乡村振兴良性循环。开平市探索"党建引领+乡贤助力"乡村振兴模式,联动103万海外侨胞共话发展,在党员"能人"的带动下,工匠、乡贤、村民等社会主体纷纷参与到乡村振兴事业中,探索农民致富路、农村振兴路,形成乡村振兴强大合力。

(2)肇庆封开县:搭建交流平台,提供创业服务

广东省肇庆市封开县围绕打造一支懂农业、爱农村、爱农民的工作队伍,通过扶持一批懂农业、爱农村、爱农民的"领头羊",支持一批包括竹荪种植在内的特色产业,带活了经济,促进了就业,探索出一条条可行的人才振兴之路。

封开县围绕乡村振兴战略实施，采取"一带多"的培训方式，支持乡土人才组织开展技能培训，目前已培育出6 000多名农村实用型人才、800多名农产品精深加工工艺人才，为擦亮封开特色农产品品牌打下了很好的基础。为了给更多像陈嘉龙、黎颖钧等一样有志于回乡创业的青年提供一个交流平台，封开县在省际廊道美丽乡村示范带上建立了乡村振兴青年人才孵化基地。为创业者提供政策指导、资金申请、技术指导、咨询策划、项目顾问、人才培训等创业服务。当地团县委组织，陈嘉龙、伍幸辉、黎颖钧、吴松文、刘伯秀等一批青年创业者得以相聚一堂，共同交流创业经验。

近年来，封开县不断优化乡土人才创业环境，目前已吸引680多人回乡创业，成立公司7间，建立专业合作社11个、家庭农场9个，带动2 560户农户合作生产。封开县还扎实推进抓党建促乡村振兴示范县建设，创新出台《关于建立正向激励机制促村（社区）党组织书记担当作为十项措施（试行）》《村（社区）"两委"干部绩效考核方案》，进一步打通村（社区）党组织书记上升渠道、经济待遇天花板，激励他们在乡村振兴和基层治理等一线工作锐意进取、担当作为。

大学生回乡创业——竹荪种植基地（来源：封开县农业农村局）

三、激活组织载体

集体经济是社会主义公有制经济的重要实现形式,是实现农民农村共同富裕的重要举措。当村集体发展能力较强,有一定的经济基础且管理能力较强,可以直接由村集体成立农民合作社来运营乡村。

当前,农业专业合作社在农村随处可见,除了种植养殖的生产职能之外,还经营着延伸加工、流通、服务、研发等业务,成为不少地方增收致富、乡村振兴的重要推动力量。一是培育带动乡村建设的社会组织,发挥其资源供给、规划引导、技术支持、技能培训等功能。二是发展"合作社、合作社+农户、公司+农户、公司+基地、公司+基地+农户"等新型农业经营载体,通过这些组织形式把小农户带动起来,激活他们的参与潜力,提升他们的参与能力。

此外,为振兴乡村经济,破解涉农资金筹措、整合、利用等多重难题,近年来许多地区都进行资源整合,成立乡村企业,探索发展壮大农村集体经济的新路。乡村企业的蓬勃发展是对乡村人力资本的"革命",从经济能力来看,其拥有将城市资源输入农村的"逆向"输血能力;从管理角度来说,不再是个人管理村庄,而是一个有组织、有纪律的专业化团队管理;在乡村治理中,运营团队掌握着最新发展理念,能结合农村实际情况设计和策划,村民相对认可。公司化经营,有法律作保证,符合现代公司法人治理结构的要求,又符合农村集体经济壮大过程中农民的利益,更有利于完成农村集体经济组织发展经济的需求。

但需要注意的是,村集体经济组织公司化后,公司不履行社会职能,农村社会职能由村委会承担,所以要严格区分公司事务和村委会事务。此外,村集体经济公司化改造后,公司经济发展迅速,业务和资产随之增长,纳税人身份也有所变化,这就要求村集体公司强化风险意识,严格财务管理,严格依法纳税,不触碰法律红线。

(1)惠州博罗县:集聚资源优势,产业化联合运营

惠州市博罗县土地肥沃,四季如春,年平均气温21℃,属亚热带季风气候，发展"三高"农业条件优越，水力资源和土地资源都非常丰富，是广东重要的农业生产基地。在乡村振兴示范带的建设运营中，博罗县坚持以产业为引领，以特色产业发展为抓手，不断激发农业农村活力，推动实现农业增效、农村富裕、农民增收。利用乡镇行政区划和村级建制调整"两项改革"成果，打破行政区划壁垒，更好地集聚资源优势，实现规模化经营。抓好现代农业产业园建设，积极培育农业龙头企业、农民专业合作社、家庭农场等新型农业经营主体，推进南药、茶叶、丝苗米等特色产业发展；推动农业规模化生产经营，积极扶持一批规模化农产品种养基地，不断优化绿色农产品种植比例和结构，以规模化催生产业化、以产业化推动农业现代化。

博罗县的柏塘镇运用村集体运营模式，按照"资源变资产、资金变股金、农民变股东"的农村产权制度改革思路，深化村集体经济股权改革，实现土地集约化，形成规模化经营，成为博罗的山茶种植大镇。柏塘镇全镇38个行政村，有33个村种植山茶，有山茶专业合作社及公司共57个，种植农户4 000多户，种植农户占全镇农业人口的51%以上；茶叶种植面积2.4万亩，占全县种植面积的70%左右。据初步统计，干茶总产量约825吨，茶叶年产值超过5亿元。在村集体运营模式下，一批批专业合作社不断成立壮大，茶叶的种植、销售都更加便利，茶叶质量得到保障。靠种植山茶，村民实现了财富积累，住上了小洋房，买了小汽车。

博罗县石坝镇也有着农业拳头品牌——三黄胡须鸡。近年来，石坝镇不断提升三黄胡须鸡产业的发展水平，全镇已形成了以四大龙头企业为核心、其他规模企业全面发展的格局，并建立了"村集体+企业"的产业化联合运营模式，通过股份制、分红制、保底价等多种方式实现产业发展联农带农，引导种养户和现代农业发展有机衔接。全镇平均每年产出三黄胡须鸡3 600多万只，出售肉鸡超过2 000万只，产值达到5.25亿元，约占全镇生产总值的三分之一。

（2）梅州蕉岭县：壮大拳头产品，"企业+集体+农户"抱团发展共富

广东省梅州市蕉岭县"寿乡画廊"乡村振兴示范带以党建为引领，以"寿

领航
解码广东乡村振兴示范带

乡画廊"和"水墨长潭"两条省级美丽乡村精品线路为依托，以产业为核心，将生产、生活、生态相融合，通过"高颜值+高价值"推进全县乡村振兴、促进全体人民共同富裕。

丝苗米是"寿乡画廊"乡村振兴示范带的主导产业，全县4个镇以丝苗米省级现代农业产业园为主导平台，种植水稻10.5万亩，年产量4.58万吨。坚持以"企业+集体+农户"的运营模式抱团发展，拓宽共富路。企业跟村委、农户合作，流转土地，或提供技术指导和农机服务，也支持鼓励年轻人返乡种田，带动农户超3万户，实现多方增收。在技术的加持下，一亩地一年至少增收500元，每户年均增收2 000~3 000元。

依托产业园，示范带重点推进产业园龙安核心园区、石窟河沿岸乡镇休闲观光及产业快速发展带，以及长潭白马丝苗米标准化种植区、新铺尖长富硒丝苗米种植区、蕉城龙安三产融合发展区建设，打造"一核一带三区"规模化产业布局，强化示范带"造血功能"。